Paseos secretos de Madrid

Manuel García del Moral Escobedo

ediciones
LA LIBRERÍA

1.ª edición: 2015
2.ª edición: 2025

Diseño de cubierta y maquetación: Javier Fernández Lizán

ISBN: 978-84-9873-569-7
Depósito Legal: M-3031-2025

Impreso en España/Printed in Spain

«Madrid es no tener nada y tenerlo todo»

Ramón Gómez de la Serna

Dedicado a mi hermana Elena por ser mi mejor ejemplo desde que tengo uso de razón.

A Lucita, por tantos años de buenas palabras y cariño. Sé que leerás este libro una y otra vez y lo disfrutarás como nadie.

ÍNDICE

AGRADECIMIENTOS

Llega otra vez, quién me lo iba a decir, el momento de escribir la parte más bonita de un libro, la que te obliga a hacer memoria y a recordar a aquellas personas sin las cuales todo esto no hubiese sido posible. Gente que sin quererlo ha aportado su granito de arena en este nuevo sueño, espero no dejarme a nadie:

A los responsables de páginas como Viendo Madrid, Caminando por Madrid o Urban Idade, vuestra labor es magnífica. También a las personas que están detrás de otros blogs de Madrid y que siempre me han tendido una mano, especialmente a Cristina, de Don´t Stop Madrid. Por supuesto a Juan Carlos González, de Carpetania Madrid, y a María Isabel Gea Ortigas, de El Rincón de Mayrit, mis «cronistas de la Villa» preferidos. A Miguel Tébar, por confiar tanto en mí. A Félix Hernando García, por atenderme y por dotar de vida las calles de Madrid con sus obras, a Andrea Blanco, de ESMADECO (Escuela Madrileña de Decoración) por abrirme las puertas de su magnífica sede, a Nacho, de Callejeando Madrid, por acercarme la Villa durante mi exilio madrileño.

También GRACIAS a cada uno de los seguidores que, a través de las redes sociales, compartís conmigo esta pasión madrileña, sin vosotros nada de esto tendría sentido.

A título más personal a los Urrobios por ser el mejor grupo de amigos posible. A mi familia, pequeña pero maravillosa, por vivir con la misma emoción que yo este proyecto. A Elena y a Saba, a mi padre y a mi madre. A Miguel Tébar, allá donde estés, se te echa muchísimo de menos. Y por supuesto a Isabel, el motor de mi vida.

Besos y abrazos.

Decía Francisco Umbral aquello de que «Madrid es un género literario» y tenía razón, lo cierto es que Madrid tiene tantas facetas por mostrar que resulta imposible abarcarlas todas. Paseando por sus calles y por su historia caí en la cuenta de que esta polifacética ciudad lo mismo ha servido para ambientar películas, que para inspirar canciones o cobijar jardines secretos. Todo lo hace de buen grado y brindando al caminante su mejor sonrisa.

Por ese motivo me animé a escribir este *Paseos secretos de Madrid*, donde he querido aglutinar rincones de Madrid que, dentro del contexto temático que nos ofrecerá cada itinerario, nos permitirá seguir conociendo un poco más esta ciudad, viva y enérgica como pocas. Siete excusas para lanzarnos a sus calles a escudriñar su fantástico patrimonio, deambulando entre su pre-sente y su pasado. Ya sea, por ejemplo, repasando algunos relatos de misterio en ella acontecidos o buscando las múltiples esculturas callejeras que habitan en sus aceras. Diferentes propuestas gracias a las cuales surcaremos el corazón de Madrid con el fin de capturar una mirada diferente, y más amplia, de la ciudad.

Dicen que el movimiento se demuestra andando y precisamente eso es lo que os propongo en esta obra, que recorráis conmigo los lugares más emblemáticos de la Villa y Corte reviviendo historias y curiosidades. Solo así seremos capaces de asimilar el enorme mérito de una ciudad que en cada paseo se atreve a ofrecer una experiencia distinta. Solo así sacaremos el máximo partido a este *Paseos secretos de Madrid* que espero os acompañe en no pocos paseos.

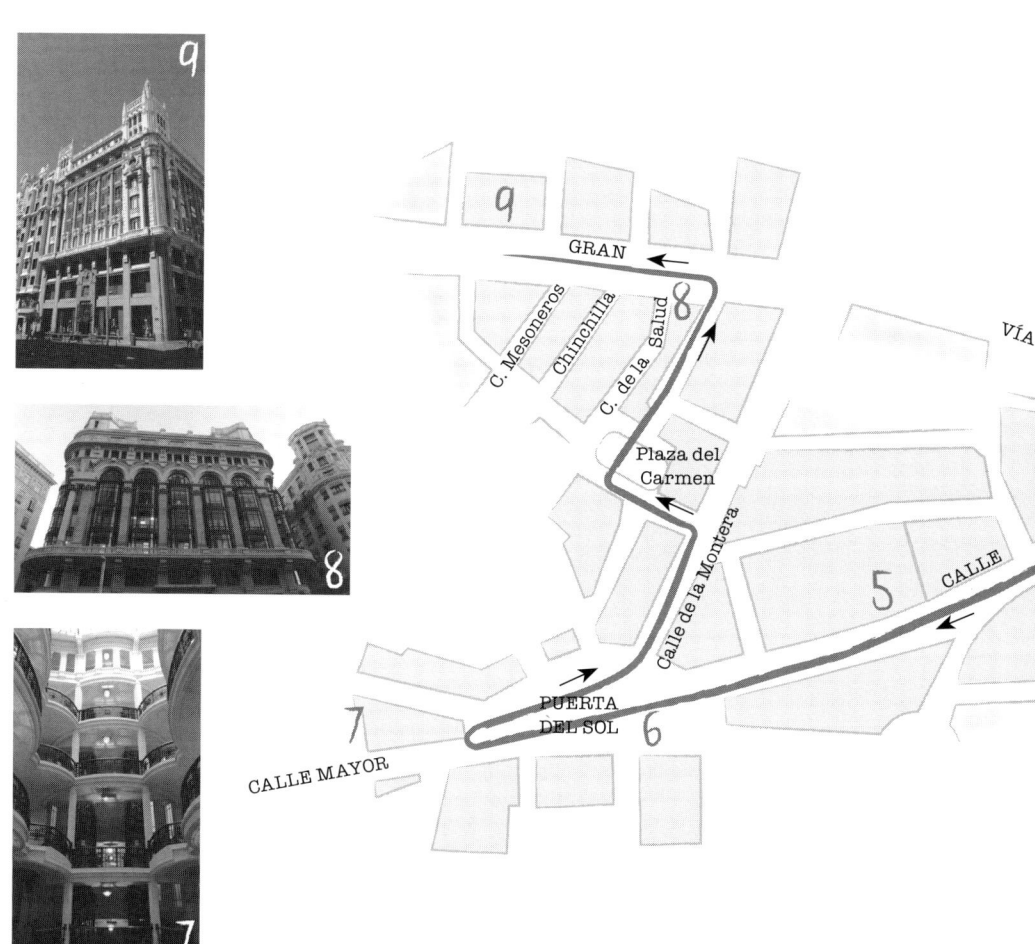

EL HOMBRE QUE LEVANTÓ MADRID

P.º DE RECOLETOS

PLAZA DE
LA CIBELES

ALCALÁ

P.º DEL PRADO

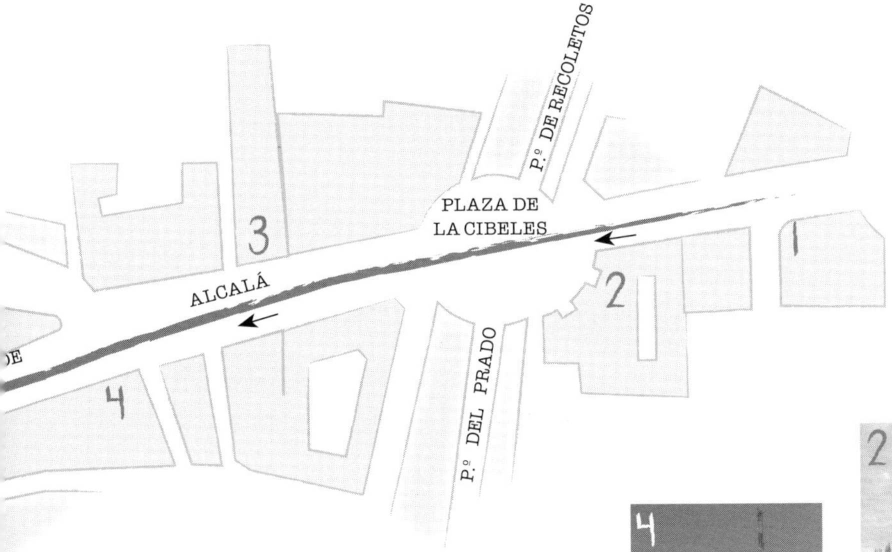

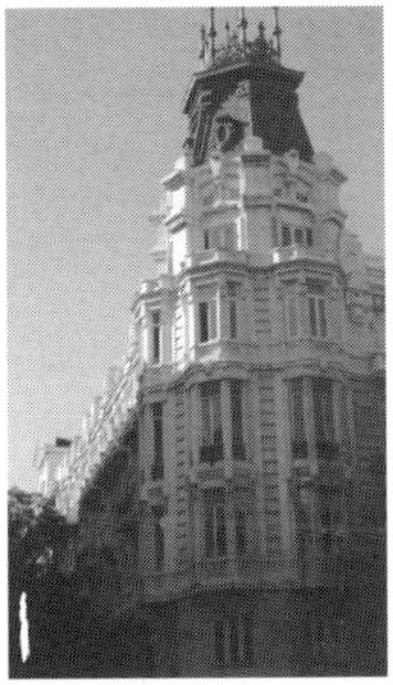

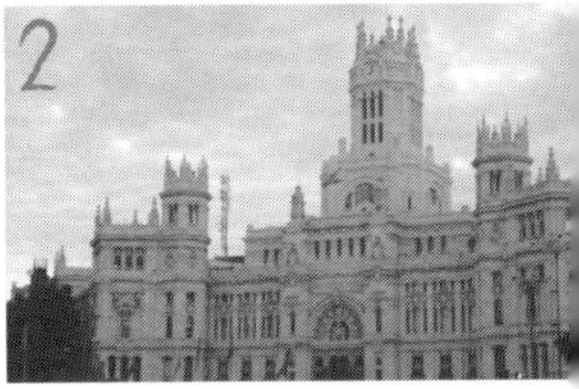

EL HOMBRE QUE LEVÁNTÓ MADRID

1. **Casa Palacio Palazuelo (calle de Alcalá, 54)**
2. **Palacio Comunicaciones (plaza de Cibeles, 1)**
3. **Instituto Cervantes (calle de Alcalá, 49)**
4. **Círculo de Bellas Artes (calle de Alcalá, 42)**
5. **Casino de Madrid (calle de Alcalá, 15)**
6. **Metro de Madrid**
7. **Casa Comercial Palazuelo (calle Mayor, 4)**
8. **Casa Matesanz (Gran Vía, 27)**
9. **Antiguo Hotel Avenida (Gran Vía, 34)**

Hay arquitectos cuyos legados han conseguido que sus nombres vayan ya, para siempre, ligados al nombre de una determinada ciudad. Un ejemplo clarísimo de esto lo tenemos relativamente cerca, en Barcelona, donde la obra de Gaudí es casi el mayor reclamo de la ciudad condal de cara al turismo y al mundo.

En Madrid también tenemos un caso similar aunque, por el contrario, mucho menos reconocido. Me refiero a Antonio Palacios, un arquitecto gallego nacido en 1874 y al cual le debemos una enorme parte de los edificios que visten el Madrid más emblemático y admirado por los visitantes.

Os sorprenderá conocer cómo muchas de las principales construcciones que configuran el corazón de Madrid, en ese cotizado eje que forman el primer tramo de la calle de Alcalá y la Gran Vía salieron de la mente de este ilustre pontevedrés. Lugares por los que hemos transitado decenas de veces y que aparecen en infinitas postales. Buena parte del mejor Madrid que hoy en día disfrutamos se lo debemos a él y a su enorme talento. Este paseo es mi humilde agradecimiento a la brillante herencia que Palacios nos regaló para siempre.

1. Casa Palacio Palazuelo

El punto de partida de este itinerario que nos llevará a conocer de primera mano parte del excelso trabajo que Antonio Palacios proporcionó a Madrid lo tenemos en la calle Alcalá, n.º 56. En el tramo que discurre entre la Puerta de Alcalá y la fuente de Cibeles, de la calle más larga de toda la ciudad, se levanta un elegante bloque blanco cuya autoría corresponde al arquitecto gallego, quien lo proyectó junto a Joaquín Otamendi.

Comenzado a construir en 1908, sus obras se prolongaron durante tres años, hasta 1911. Este bello y espléndido edificio fue el primer encargo que recibió Palacios del promotor inmobiliario Fernando Demetrio Palazuelo, quien fuera uno de sus más habituales clientes, de ahí su nombre Casa Palacio Palazuelo.

Esta es una de las construcciones más discretas de Palacios puesto que por su localización, tapada por las copas de los árboles, es posible caminar a

su lado una y mil veces sin percatarnos de su majestuosidad. Se ubica haciendo esquina con la calle de Alfonso XI y ocupando para siempre un solar del noble barrio del Retiro. De esta mole blanca llama la atención su torre de inspiración francesa que sobresale en una de las esquinas, cubierta y rematada con una techumbre de color oscuro. Es el único elemento que rompe el tono predominante de toda la obra.

El edificio se construyó para albergar viviendas de alquiler y se diseñó para cobijar dos pisos por planta. La rectitud y sencillez de sus formas geométricas en la fachada le otorgan un aire clásico y elegante en contraposición al aspecto recargado que ofrece su hermano próximo, el Palacio de Comu-

nicaciones. Este fue realizado también por Palacios de forma simultánea a esta Casa Palacio Palazuelo y junto al hoy Instituto Cervantes.

Recomiendo, para gozar de una mejor perspectiva del mismo, admirarlo desde la acera de los números impares de la calle de Alcalá, solo así se puede afirmar con rotundidad su brillante ejecución. Ahora es el momento de pasar de una de las obras más anónimas del arquitecto gallego a la más reconocida de todas. Curiosamente ambas conviven de espaldas y en la misma manzana.

2. Palacio de Comunicaciones

Si descendemos unos pocos pasos en dirección a Cibeles pronto notaremos sobre nuestras cabezas la imponente silueta de uno de los edificios más espectaculares y sobrecogedores de todo Madrid. Forma junto a la fuente de la diosa frigia una de las postales más reproducidas y vistas de Madrid. Fascina por su colosal tamaño y maravilla por su extraordinario nivel de detalle, es el Palacio de Comunicaciones y, sí, también es obra de Antonio Palacios.

Empezaré por decir que este impresionante edificio fue una de las sorpresas más agradables de cuantas me tenía reservadas Madrid cuando me mudé a vivir en ella. Una construcción de proporciones desorbitadas de la que no tenía noción alguna. La primera vez que la conocí de noche e iluminada, ya no hubo vuelta atrás. Sentí un flechazo que todavía se mantiene intacto. Me resulta inviable no cruzarme con ella, desde cualquiera de sus múltiples perspectivas, y no dejar caer un susurro de admiración.

La historia de esta obra de arte hecha edificio se empieza a escribir en agosto del año 1904. En aquel momento las Cortes aprueban la construcción de una enorme central de comunicaciones que aúne en un solo espacio los servicios de teléfono, telégrafos y correos. No obstante, además de la funcionalidad, se buscaba un proyecto que dotase a la ciudad de un inmueble único y espectacular. Hubo tres propuestas distintas en el concurso pero fue escogida con unanimidad la presentada por Palacios junto a Joaquín Otamendi. Su boceto unía mejor que ninguna modernidad con tradición. Solo algunas voces contrarias al proyecto ganador sacaban a la palestra la juventud e inexperiencia de la pareja de arquitectos pero el tiempo dejó claro lo equivocados que estaban.

Las obras dieron inicio en 1907 y se prolongaron hasta 1919. Doce años de trabajos, con algún parón y revés incluido, en un solar por el que antaño discurrían parte de los jardines del Buen Retiro. Según fueron avanzando los trabajos, los más curiosos ya dejaban caer sus alabanzas hacia la monumental propuesta. Solo algunos datos que nos hacen intuir el calado de su tamaño, y de sus obras, son que para sus estructuras se utilizaron cerca de dos mil toneladas de hierro y para el conjunto siete mil metros cúbicos de piedra.

Pronto, su espectacular tamaño y forma le hizo valedor del apodo de «Nuestra Señora de las Comunicaciones» ya que su aspecto podría estar más cercano al de una catedral que al de un edificio civil. Su fachada de forma cóncava está diseñada de tal forma que casi engulle al espectador que la contempla, maravillado, a sus pies. Sobre su arco principal destaca una figura femenina con cuerpo vegetal, bautizada desde los inicios como La Rubia. Otros detalles de su aspecto exterior a tener en cuenta son los medallones con los rostros de diferentes exploradores como Hernán Cortés o Fernando de Magallanes. También hay quien habla de una simbología repartida por todo el edificio que hace claros guiños a la masonería. Más evidentes son, en sus dos extremos, una torre a cada lado que flanquean al soberbio torreón central de setenta metros de altura.

Si el gran trabajo de la piedra impresiona y deja perplejo al que la mira por fuera, posiblemente la principal virtud de esta obra es que su interior es aún más elaborado y meticuloso. Dominando el espacio, un genial vestíbulo que se inspira en el Palacio de Cristal del Retiro y que funcionaba como corazón de un sistema de comunicaciones del que se nutría todo un país. El Palacio de Cibeles, su otro nombre, alberga desde el año 2007 las dependencias del Ayuntamiento de Madrid, una función para la que fue necesaria una costosa, y polémica, remodelación.

Con esta soberbia ejecución Palacios logró su obra más carismática y conocida en Madrid. Un espectacular edificio de aspecto neogótico, que por tanto hereda reminiscencias de la arquitectura medieval española aunque también bebe los aires de la monumentalidad de la arquitectura norteamericana. Con esta inigualable carta de presentación, la sociedad Palacios-Otamendi abrió la senda a una serie de obras que lavarían para siempre la cara del corazón de Madrid. Un primer gran éxito que casi un siglo después luce con pose majestuo-

sa a la vista de miles de personas cada día. Una inmensa mole blanca, gracias a la piedra de Novelda, que en los atardeceres se tiñe de dorado y que por las noches cautiva sin piedad a cuantos se acercan a verla.

3. Instituto Cervantes (Banco Español del Río de la Plata)

De nuevo no nos hará falta caminar demasiado para encontrarnos con el siguiente proyecto salido de la cabeza de Antonio Palacios. De hecho, basta con lanzar una mirada hacia el este, es decir, mirando hacia el mismo lugar que lo hace Cibeles, y notaremos cómo en el cauce derecho de este intensa vía sobresale una construcción por encima del resto, es la actual sede del Instituto Cervantes y ella será nuestro siguiente destino.

Sita en el número 49 de la calle de Alcalá, en su origen albergó el Banco Español del Río de la Plata. Después de acoger diferentes instituciones, como el Banco Central Hispano, desde el año 2006 sus exquisitas dependencias dan cobijo al Instituto Cervantes. Mucho antes de esto, este valioso y cotizado solar estaba ocupado por el palacio del marqués de Casa-Irujo, pero la historia que nos interesa en este caso es la que transcurre a partir del año 1910.

En esta fecha Palacios, y su fiel colaborador Otamendi, ya empezaban a gozar de un más que merecido mérito. Una reputación que les proporcionó cuantiosos proyectos como el que ahora nos ocupa. En un lugar privilegiado la pareja de arquitectos pudo dar rienda suelta a uno de sus edificios más lujosos y bellos en el que destaca, por encima de todo el conjunto, un elemento excelso, su puerta.

El acceso de este edificio se encuentra en un chaflán entre las calles Alcalá y Barquillo. Para conseguir un efecto espectacular la enorme puerta de forja quedó custodiada por cuatro cariátides de unos cinco metros de alto, dos a cada lado. Cuatro figuras femeninas que se visten de columnas y cuya realización corrió a cargo del escultor Ángel García Díaz. Una solución más propia de la Grecia clásica que del Madrid de los albores del siglo XX y por la cual todo el mundo le conoce como el «edificio de las Cariátides».

Las obras del edificio que abarcaron desde 1911 hasta 1918 tuvieron como consecuencia la llegada de uno de los emblemas de ese primer, y apabullante, tramo de la calle de Alcalá en el que la sucesión de bellos y elegantes construcciones no dan tregua al viandante. El edificio contó con una considerable ampliación, ya en 1947, hacia la calle Barquillo. Si recordáis, al principio os dije que este edificio sobresale en altura con respecto al resto y esto se debe a que mide 25 metros de alto mientras que la normativa municipal de la época obligaba a no superar los 18 metros. Para que esto fuera así Palacios y Otamendi lograron un permiso especial en la ejecución de su obra.

Un trabajo que se articuló, como hemos visto anteriormente, alrededor de un gran espacio central, contando con un total de siete plantas, un ático y dos sótanos. Su estructura de hormigón armado poco tiene que ver con sus lujosos interiores, donde las ricas maderas y el mármol brillan por doquier. Este edificio de las Cariátides posee una gran virtud que es fusionar elementos de aspecto moderno, como las fachadas con cristal, con otros toques clásicos, como las diez columnas de estilo corintio que se extienden por sus fachadas. Una mezcla deliciosa que late, de forma pausada, en uno de los puntos más frenéticos de la capital.

Hoy, en su interior se realizan exposiciones, muestras e incluso cuenta con un auditorio con capacidad para 1200 personas. Mucho más inaccesible es su cámara acorazada en el que diferentes personalidades del mundo de la letras y de las artes escénicas encierran unas especies de cápsulas del tiempo, con mensajes para las generaciones venideras. Es la llamada Caja de las Letras. Unos misteriosos legados personales que no se podrán abrir hasta la fecha que cada uno de sus protagonistas haya decidido (por ejemplo la del actor Manuel Alexandre se abrirá el 11 de noviembre de 2017 y la del bailarín Víctor Ullate en junio del 2161).

Hasta que esos momentos lleguen, disfrutemos con algo mucho más real y cercano, la belleza del edificio que las encierra. La perspectiva de su acceso principal jalonada por las cuatro cariátides y las dos hileras de columnas es, sencillamente, deslumbrante.

4. Círculo de Bellas Artes

Comentaba en la presentación a este paseo que buena parte de los principales referentes arquitectónicos del centro del Madrid actual se los debemos a Antonio Palacios. El siguiente del que vamos a hablar es la sede del Círculo de Bellas Artes. Otro de los emblemas de la capital y que también es fruto de la genial mente del arquitecto gallego.

Ubicado en la calle de Alcalá, n.º 42, junto al colosal Banco de España, ese conjunto destaca por dos elementos. El primero, su tendencia piramidal que hace que según gana en altura su planta va disminuyendo, y el segundo, la espectacular escultura de Minerva que lo corona y que vigila, atenta, todo cuanto sucede en Madrid.

Pese a que la institución del Círculo de Bellas Artes se funda en el año 1880 no es hasta un tiempo más tarde cuando puede disfrutar de esta impresionante sede. Se buscó una ubicación en el tramo más representativo de la actividad cultural y social del Madrid de la época y se escogió un solar que antiguamente ocupaban los jardines del marqués de Casa Riera. Una vez elegida la ubicación, en 1919, se convocó un concurso de anteproyectos pero este se declaró desierto. Tras varias polémicas y recurrir a una definitiva votación, en 1921 comenzaban las obras del proyecto liderado por Palacios.

Nuevamente, el plan tuvo que obtener un permiso especial para poder esquivar la normativa municipal en lo relativo a la altura de los edificios. Si por algo brilla este proyecto es por ser una «ciudad en miniatura», un espacio en cuyo interior el visitante pudiera ver colmadas todas sus necesidades sin tener que salir a la calle. La multifuncionalidad hecha edificio. La distribución del programa de necesidades que se puede consultar en la memoria del proyecto no pude ser más completa. Vestíbulos, salas de exposición, sala de recreos, comedores, cocinas, biblioteca, vida íntima del club, baños, sala de esgrima, bar-baile o «patinadero» son algunos de los muchos espacios con los que Palacios quiso dotar a este peculiar y completo edificio.

Si la distribución y aspecto exterior de líneas delicadas de la obra eran ya por sí solas todo un acierto, no hay que pasar por alto su interior de gran riqueza artística. Las esculturas de José Capuz y Juan Adsuara fueron testigos de la presencia de muy variadas personalidades como el premio nobel de literatura, Jacinto Benavente, del escritor Ramón del Valle-Inclán o incluso de un jovencísimo Pablo Picasso.

Se trata de un lugar que a todas luces es historia muy viva de Madrid y al que resulta imposible no cogerle cariño. Soy bastante asiduo a él ya que desde su azotea se puede contemplar una de las mejores panorámicas de la Villa y Corte por lo que, siempre que puedo, me acerco a hacerle una visita. Así de paso

asomo la cabeza por su vetusto café La Pecera y me siento maravillado en su magnífico recibidor. Una sensación que antaño debía de ser aún más espectacular cuando los recién ingresados al edificio podían ver, bajo el suelo acristalado del *hall*, cómo la gente se bañaba en la piscina que hubo en la planta baja hasta los años treinta.

Como os decía, disfrutar de sus aclamadas vistas es uno de mis pasatiempos preferidos de Madrid. Allí, en lo más alto, es un placer acompañar a la imponente Minerva de seis metros de alto en su función de vigía de Madrid. Una experiencia obligatoria que además nos permitirá adentrarnos, aunque sea fugazmente, en este histórico lugar.

5. Casino de Madrid

No muy lejos del Círculo de Bellas Artes nos vamos a encontrar con la enésima construcción que lleva el sello de Palacios, aunque en este caso de una forma muy sibilina y discreta. Una historia curiosa que adquiere fondo y forma en la calle de Alcalá, n.º 15, a escasos metros de la enérgica Puerta del Sol.

Según nos acercamos a esta dirección nos damos cuenta de que nos aproximamos a un sitio refinado y elegante, su fachada lo delata y además no nos engaña, nos hallamos junto al Casino de Madrid, una institución que nació en el año 1836 y que después de ocupar cinco sedes diferentes, repartidas por el callejero de la ciudad, se instaló de manera definitiva en esta ubicación.

Para ello sus adinerados socios compraron un valioso solar en el mejor tramo de la calle más representativa de Madrid y posteriormente convocaron un concurso internacional para decidir qué proyecto haría realidad su glamurosa sede con un presupuesto de dos millones de pesetas, corría el año 1903. La convocatoria fue un éxito de participación puesto que se presentaron un total de 27 proyectos entre los que el jurado proclamó ganador el de Guillaume Tronchet.

Sin embargo, casi de forma inmediata surgieron las primeras voces críticas entre los socios recordando la mala imagen que el propio Tronchet había proyectado de España durante la Exposición Internacional de París de 1900 vinculando a nuestro país a diferentes tópicos. Por ese motivo, el concurso quedó oficialmente desierto y la solución del jurado fue la de comprar los seis proyectos que más habían gustado y fusionarlos en uno solo. Y tal y como podéis imaginar el de Antonio Palacios fue uno de los escogidos.

Los encargados de realizar este *collage* fueron los franceses Le Farge, padre e hijo, quienes fueron desgranando las diferentes propuestas y cogiendo de cada una los elementos que más les habían cautivado. El sello del fabuloso Palacios se deja notar en dos aspectos esenciales: el primero, en la fachada asimétrica flanqueada por un torreón en uno de sus lados, y el segundo, en la impresionante escalera del patio de honor, una de las más fabulosas de todo Madrid que, aunque fue retocada por José López Sallaberry y ejecutada por el escultor Ángel García Díaz, fue otra brillante idea de Palacios.

Por eso, aunque este notable edificio no esté firmado por el arquitecto gallego tiene todo el derecho a estar en este paseo. Más aún si tenemos en cuenta que en 1903 Palacios solo hacía tres años que había terminado la carrera. Esta fue una de las primeras ocasiones en que su nombre comenzó a vincularse con un futuro prometedor.

El Casino, cuyas obras concluyeron el 29 de septiembre de 1910, se utilizó durante la última guerra civil como hospital de sangre y desde 1993 está declarado como Bien de Interés Cultural. No es para menos, solo basta asomarse a su

entrada y contemplar su lustrosa escalera para darnos cuenta de que estamos ante una de las joyas ocultas de la ciudad.

6. Metro de Madrid

Nos despedimos de uno de los primeros espacios de la ciudad donde se pudo percibir la mano maestra del protagonista de este paseo y nos ponemos rumbo al corazón más puro de la urbe, la Puerta del Sol. Ella también tiene un vínculo muy especial con el arquitecto nacido en Pontevedra aunque en parte ha quedado borrado por el paso del tiempo. La Puerta del Sol, encrucijada de caminos y de vidas que laten a ras de suelo… y también debajo de este. Hasta tres líneas de metro confluyen en este lugar y con ello tiene mucho que ver también el bueno de Palacios.

Resulta que el legado del gallego no solo se puede palpar y sentir paseando por las calles de Madrid, sino que también se puede recordar atravesando sus entrañas ya que él fue quien diseñó todo lo relacionado con este transporte público en sus primeros años de gestación y de vida.

Nombrado arquitecto de la Compañía Metropolitana en 1917, Palacios, junto a Joaquín Otamendi y Miguel Otamendi, esbozó todo lo referente a la primera línea de metro y colaboró de forma decisiva en las siguientes tres.

Aquella primitiva línea que hacía el recorrido entre Sol y Cuatro Caminos quedó inaugurada en 1919. Todas las estructuras relacionadas con la misma como accesos, estaciones, cocheras, oficinas, etc., incluso el logo actual en forma de rombo que todos conocemos, se le deben a Palacios. Este además estuvo supervisando los proyectos del ferrocarril suburbano durante varios lustros más.

Su papel resultó fundamental para crear la imagen actual de Madrid pero también colaboró para su óptimo funcionamiento. Las estaciones fueron diseñadas una a una aunque debido a las sucesivas remodelaciones mucho de aquel trabajo se perdió. Sin embargo, si queréis revivir cómo eran por dentro, recubiertas por azulejos y cerámicas, os recomiendo acudir a la estación de Chamberí, que en la actualidad se puede visitar como museo y muestra cómo eran estas mágicas instalaciones en su origen.

Otros vestigios de aquel metro primigenio propuesto por Palacios se puede palpar en la barandilla de hierro enroscado del acceso a la estación de Noviciado o las balaustradas de granito que aún custodian las entradas y salidas de Tirso de Molina y de Cuatro Caminos. Pero quizás, de todo aquello, la pérdida más dolorosa fueron los dos templetes que daban acceso a las estaciones de Sol y de la Red de San Luis, en el cruce de Montera con Gran Vía.

Aquellas construcciones que combinaban el granito y la forja y que tenían forma de visera servían para ubicar los diferentes ascensores y las escaleras. Unos elementos que hoy contemplamos con nostalgia en fotografías antiguas y que, de forma silenciosa Madrid perdió para siempre. Curiosamente, el templete que estuvo hasta 1972 a orillas de la Gran Vía cuando fue desmontado se trasladó a O Porriño (Pontevedra), localidad donde nació Palacios. Como vemos, la huella de este gallego fluye incesante por encima del suelo y, también, por debajo de él.

7. Casa Comercial Palazuelo

Una de las joyas más recónditas que guarda Madrid también es mérito de Palacios, para conocerla tendremos que atravesar la Puerta del Sol y encaminarnos hacia la calle Mayor, una de las vías más antiguas de la ciudad. Prácticamente en su inicio, al atravesar el portal número 4, nos aguarda un lugar cautivador como pocos he podido encontrar en esta ciudad.

Admito que habré pasado a los pies de este edificio infinidad de veces y nunca, hasta escribir este libro me había dado por investigar qué había en su interior. Su fachada me resultaba

enigmática e incluso varias veces la inmortalicé con el móvil, pero de ahí no pasaba. No podéis imaginar cuál fue mi cara cuando, al documentarme para este paseo, descubrí que esa casa que tantas veces me desafiaba a pie de calle era también obra de Antonio Palacios y cuando averigüé lo que escondía en su interior.

Al inicio de este paseo ya hablamos de la Casa Palacio Palazuelo, situada en la calle de Alcalá, n.º 56. Aquel fue el primero pero no último encargo de Demetrio Palazuelo, años más tarde, en 1919, volvió a contactar con el gran arquitecto para que levantase en un solar, custodiado por la calle Mayor y por la calle Arenal, uno de los primeros edificios comerciales y de oficinas de cuantos dispuso Madrid. A finales de 1921 se concluyó la obra.

La premisa era clara, la fachada exterior no debía de llamar tanto la atención como en anteriores proyectos recayendo el peso de la majestuosidad y elegancia en el diáfano patio central del edificio, y a todas luces que lo consiguió. Por fuera nos volvemos a encontrar con esa combinación de elementos clásicos, como varias columnatas, con unos miradores típicos de inicios del siglo XX. Pero lo mejor está por llegar...

Atravesar el umbral de la puerta de este edificio, que se puede visitar en horario comercial, es una de las experiencias más cautivadoras que recuerdo haber vivido en Madrid. Desde la planta baja, al alzar la mirada, uno se ve envuelto en un infinito juego de curvas cóncavas y convexas que se extiende, seductor, por las blancas y relucientes galerías. Gracias a la luz natural que entra a través de la vidriera del techo, todo el espacio se ve iluminado y sugerente.

Este enorme patio de formas onduladas invita a ser recorrido con sigilo, una agradable e inesperada sorpresa que uno no puede rechazar así como así. Declarado Bien de Interés Cultural en el año 1997, se trata de uno de los interiores más espectaculares y bonitos de la ciudad, pero no el único que nos dejó Palacios. Uno muy similar nos espera en la prodigiosa Gran Vía.

8. Casa Matesanz

Ya hemos paseado por la calle de Alcalá y por la calle Mayor y para que esta trinidad del callejero madrileño esté completa no podría faltar la Gran Vía. Entre las tres forman una «Y» en torno a la cual se articula buena parte de la ciudad y, por supuesto, en la arteria más frenética de la capital también se puede percibir el legado del arquitecto pontevedrés.

Ponemos rumbo a esta vía de 104 años y nos fijaremos en el portentoso edificio que ocupa el portal número 27.

Pronto seremos capaces de reconocer varios de los elementos que se vienen repitiendo a lo largo de esta caminata. Otra vez esos miradores metálicos con pilastras en la fachada principal, en esta ocasión rematados por arcos de medio punto y con dos torreones decorativos coronando la obra. No hay duda de que estamos ante otro producto de la «factoría Palacios»: la Casa Matesanz.

Proyectada en el año 1919 sus obras se concluyeron en 1923. Resultó un encargo de la Casa Matesanz quien quería una espectacular sede para ocupar una céntrica parcela en el segundo tramo

que por aquel entonces se estaba levantando de la faraónica Gran Vía.

Esta edificio guarda muchos parecidos con respecto al que acabamos de analizar en la calle Mayor. Influencias repetidas de la Escuela de Chicago y un mismo objetivo, aunar dentro de un único espacio oficinas, despachos y locales comerciales. Todo ello articulado en torno a un gran vestíbulo en el que destacan las dos cajas de los ascensores. Un patio espectacular que ha sido escenario de películas como *El Día de la Bestia*, de Alex de la Iglesia.

De nuevo, tal y como ocurría con la Casa Comercial Palazuelo, la gran carta de presentación de este edificio de ocho plantas es su grandioso espacio central, un lugar que rápidamente nos transporta a otra época haciéndonos beber los aires lujosos de inicios del siglo xx. Un secreto que se esconde, deslumbrante, a orillas de la Gran Vía por donde, jornada tras jornada, miles de almas transitan ignorando su presencia.

9. Antiguo Hotel Avenida

Para quien, después de este vibrante recorrido, se haya quedado prendado de la obra de Palacios que sepa que tiene la posibilidad de dormir en una de las joyas gestadas por el protagonista de este paseo. A muy pocos pasos de nuestra anterior parada, en el número 34 de la misma Gran Vía, nos encontramos con el que fuese en su día el Hotel Avenida, proyectado también por Palacios.

Ya hemos visto cómo en su repertorio hubo tiempo para dar rienda a edificios institucionales y de oficinas, viviendas particulares e incluso para el desarrollo de todo un transporte público como el metro. Ahora descubrimos que también hizo su pequeña incursión en el sector hotelero. Para cerrar este paseo arquitectónico lo haremos en un hotel, el único que lleva la firma de este ilustre pontevedrés y que también encierra una historia rocambolesca.

El edificio fue proyectado por el arquitecto José Yarnoz Larrosa para que su uso fuese destinado a oficinas pero al poco tiempo se decidió buscarle otra utilidad diferente. Era el momento en el que la Gran Vía echaba a andar y era uno de los lugares más solicitados del país, por eso no resulta extraño que muchos constructores quisieran ubicar

aquí sus nuevos y flamantes hoteles. Palacios recibió el encargo de modificar este edificio, tanto externa como internamente, y el resultado final fue, una vez más, brillante.

Las reformas se prolongaron entre 1925 y 1929, año en el que el establecimiento abrió sus puertas como Hotel Alfonso XIII aunque al poco cambió su nombre por el de Hotel Avenida. En su cara exterior volvemos a ver esos dos primeros pisos que parecen llevar una vida diferente al resto del conjunto. A partir de la tercera planta regresa el sello inconfundible de Palacios, los miradores de cristal encajados entre sus ya tradicionales columnas gigantes y cuidados detalles en los distintos remates como escudos o medallones. Una vez más el edificio queda coronado con torreones a ambos lados en su último piso.

En resumen, una decoración ecléctica a la que se suma un interior que de nuevo se dispone y articula alrededor de un espacio central permanentemente bañado con la luz que le brinda una claraboya en el techo. Palacios tuvo que cambiar la orientación de las habitaciones, esta fue quizás el apartado más costoso de una remodelación interior que otra vez fusionaba funcionalidad con refinada belleza.

En la actualidad el edificio sigue albergando un establecimiento hotelero, el Innside Madrid Gran Vía, cuyo acceso se hace a través de la calle de Mesonero Romanos. Las plantas que dan a la calle las ocupa una conocida marca del sector textil. Ambos funcionan a pleno rendimiento, una muestra más de que el fabuloso y extraordinario legado de Palacios está más vivo que nunca. Una colección de valor incalculable y seguramente menos reconocida de lo que merece. Su escultural y eterna belleza abrió a Madrid las puertas del mundo moderno mientras que la colocaba a la altura de otras urbes de primer orden.

PLAZUELA DE
ANTONIO VEGA

C. San Vicente Ferrer

C. Espíritu Santo

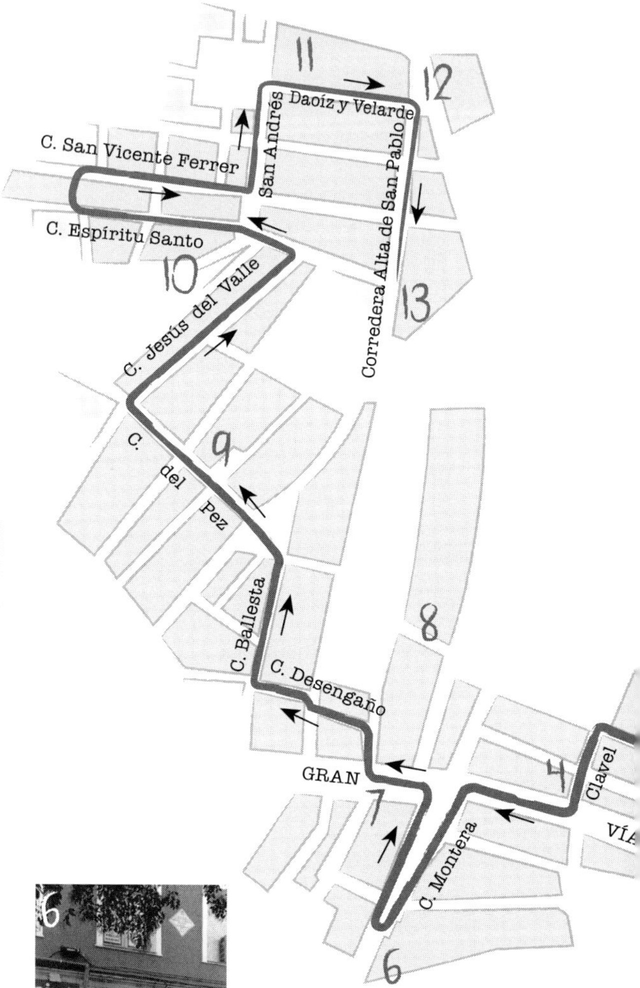

San Andrés   Daoíz y Velarde

Corredera Alta de San Pablo

C. Jesús del Valle

C. del Pez

C. Ballesta

C. Desengaño

GRAN

C. Montera

Clavel

VÍA

LA BANDA SONORA DE MADRID

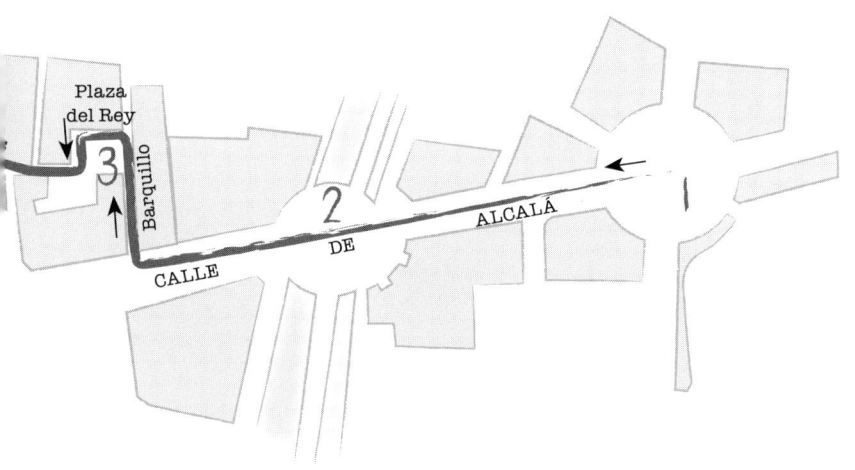

LA BANDA SONORA DE MADRID

1. *La Puerta de Alcalá* (Puerta de Alcalá)
2. *A la sombra de un león* (plaza de Cibeles)
3. Rock en el Circo Price (plaza del Rey)
4. Zarzuela y ópera (calle del Clavel 3, plaza de Chueca)
5. La Gran Vía (Gran Vía)
6. La casa de Glinka (calle de la Montera, 14)
7. Madrid Rock y los *heavies* de Gran Vía (Gran Vía, 25)
8. La casa de Isaac Albéniz (calle de San Onofre, 4)
9. Bar El Palentino (calle del Pez)
10. Los excesos de la Movida (calle del Espíritu Santo, 23)
11. La Vía Láctea (calle de Velarde, 18)
12. Ese chico triste y solitario (calle de la Palma, 4)
13. Madrid Me Mata (calle Corredera Alta de San Pablo, 31)

Desde el primer momento que puse un pie en Madrid fui consciente del enorme vínculo que une esta ciudad con la música. Una unión especial y brillante que ha dado como fruto una banda sonora muy definida y que, en muchas ocasiones, ha sido mi fiel compañera durante mis múltiples paseos por la capital.

El carácter ambiguo de Madrid ha inspirado multitud de letras pero además sus calles han dado cobijo a numerosos artistas de gran calado y experimentado reseñables acontecimientos musicales. De la conjunción de estas premisas han surgido canciones que han marcado vidas y generaciones enteras y, por supuesto, este itinerario. Es obvio que la arrolladora erupción de «la Movida» marcó un antes y un después en la vida de la capital pero este paseo tratará de ofrecer una visión más amplia de este espectro sonoro, aunque también reviviendo aquella época convulsa y frenética.

Creo que cada uno de nosotros tenemos al menos una canción cuyas notas rápidamente nos evocan a esta gran ciudad, haciendo que nuestra imaginación se dispare de un salto a sus calles y rincones. Ahora es el momento de hacer realidad esas fantasías. Surquemos las calles de Madrid acompañados de una banda sonora inigualable.

1. *La Puerta de Alcalá*

Ahí está, ahí está… Creo que no hay lugar más representativo para iniciar un paseo bañado por la música por las calles de Madrid que la plaza de la Independencia. Quizás esta denominación nos resulte distante o desconocida ya que es muy poco utilizada en el día a día. Sin embargo, si os digo que esta denomina-

ción corresponde al enorme espacio circular donde habita con lustre esa imponente obra que responde al nombre de la Puerta de Alcalá, la cosa ya cambia.

¿Cuántas personas, al cabo del día, tararean el archiconocido: «Ahí está… ahí está…» cada vez que pasan a la vera de todo un icono de Madrid como es la Puerta de Alcalá? En mi caso, que pertenezco a la generación de los ochenta y crecí con ese pegadizo estribillo sonando de fondo, cada vez que me cruzo con ella, inconscientemente no puedo evitar acordarme de Ana Belén y Víctor Manuel. El nombre de esta pareja ya quedará para siempre unido al de este histórico acceso a la Villa y Corte pero no estaría de más señalar que los verdaderos padres de esta canción fueron el grupo Suburbano. Una banda cuyas raíces estaban en la localidad de Vallecas y que dejó para el recuerdo la creación de otras canciones como *Arde París* y distintos temas para series de televisión.

En esta composición, uno de los grandes himnos de la ciudad, se hacía una detallada radiografía de la sociedad que por aquel entonces alborotaba un Madrid que poco a poco empezaba a ver la luz tras décadas de hermetismo.

«Un travestí perdido, un guardia pendenciero, pelos colorados, chinchetas en los cueros, rockeros insurgentes,

modernos complacientes…». Un variado *collage* formado por diferentes tribus urbanas abrazadas a modas, más o menos efímeras, que Madrid y el nuevo espectro social iban fagocitando. Sin embargo, todas terminaban sucumbiendo ante la imponente puerta, cuyos arcos antaño fueron atravesados por realeza y pueblo llano, testigos de tantos acontecimientos.

Curiosamente al inicio de la letra se nos habla de Carlos III, el monarca español, definido históricamente como el mejor alcalde de Madrid, quien conoció al llegar a la ciudad la Puerta de Alcalá primitiva y que databa del siglo XVI. Precisamente, su diseño no gustó nada al rey quien pensó que aquella obra no estaba a la altura de la función y majestuosidad que le correspondían. Por ello, en 1769 (siete años después de acceder al trono) encargaba a Francesco Sabatini el diseño de una nueva y sensacional puerta, la que todos conocemos.

Cada estrofa de la canción finaliza repitiendo una frase que se amolda perfectamente a la vida que desde hace ya siglos asumió este icono de Madrid: «Ahí está viendo pasar el tiempo, la

Puerta de Alcalá». Abandonada su labor como acceso a la ciudad, y con un perímetro de seguridad importante en forma de inagotable tráfico, ahora exprime sus días observando y murmurando en silencio.

2. *A la sombra de un león*

Enfilamos ahora nuestros pasos por la calle de Alcalá y dirigimos el rumbo hacia Cibeles, esa divinidad que de forma indecorosa da la espalda a nuestro anterior protagonista. Esta monumental fuente, otro de los símbolos más reconocibles de Madrid, no solo está vinculado al mundo del deporte, ya que en ella celebra el Real Madrid y sus aficionados los éxitos del club blanco, sino que además ha hecho varios cameos en el mundo musical.

El más poético de todos vio la luz en el año 1988 y precisamente repetimos intérprete ya que fue Ana Belén quien puso voz y dulzura a este maravilloso tema compuesto por Joaquín Sabina. Desde mi punto de vista, *A la sombra de un león* es una de las canciones más bellas de cuantas se han ambientado en Madrid. En sus estrofas se nos narra con cariño la historia de un amor tan imposible como bello. El de un demente, que se escapa del centro donde se encuentra recluido, para caer enamorado de esta diosa de mármol desde el primer momento que ambos cruzan sus miradas.

«Llegó, con su espada de madera y zapatos de payaso, a comerse la ciudad. Compró suerte en Doña Manolita y al pasar por la Cibeles, quiso sacarla a bailar un vals, como dos enamorados y dormirse acurrucados a la sombra de un león». En esta primera estrofa se reúnen dos rincones de Madrid que con el paso del tiempo se han convertido en paradas obligadas, especialmente para los visitantes que debutan en la ciudad. Un itinerario que nuestro protagonista realiza inconsciente, siguiendo su intuición hasta toparse con su pétrea musa.

A partir de ahí se desarrolla una bella historia de amor que seguramente solo es real y tangible dentro de la dispersa mente de nuestro personaje principal. Un relato impagablemente tierno cuyo final es mejor que lo escuchéis. Repito, *A la sombra de un león* es de las canciones más cautivadoras de cuantas suspiran por Madrid. El amor no entiende ni de locos ni de cuerdos, y cuando le da por aparecer es imposible echarlo a un lado. La magistral letra de Sabina, con varios guiños a la ciudad, junto a la armónica voz de Ana Belén ofrecen un resultado sobrecogedor y que emociona desde los primeros acordes.

No obstante, esta no es la única aparición que ha hecho la diosa Cibeles en el panorama musical. De hecho, unos años antes, en 1986, el grupo The Refrescos en *Aquí no hay playa* hacía un repaso canalla y desenfadado por la biografía de Madrid y por casi todos sus principales elementos y ahí aparecía ella junto a Torrespaña o el oso y el madroño. Recuerdo rebobinar hasta la saciedad mi cinta de grandes éxitos y recitar de carrerilla todos estos lugares que hace más de dos décadas no conocía ni en foto y mucho menos en persona.

«Podéis tener las Cortes, organismos oficiales, el oso y el madroño, Cibeles, Torrespaña... pero al llegar agosto ¡vaya, vaya!... ¡Aquí no hay playa!»

Esta es otra de las canciones que mi generación ha escuchado, cantado y vitoreado hasta la saciedad. Daba igual que fueses de Madrid o de Pamplona, aquel estribillo atronador de finales de los ochenta aún sigue sonando con fuerza, recordando que para muchos, la imperfección de esta ciudad radica precisamente en esto, en no tener mar.

3. Rock en el Circo Price

Continuamos nuestro itinerario hacia la Gran Vía, a ser posible bajando por el lado derecho ya que de este modo, cuando tengamos de frente la deslumbrante cúpula del Edificio Metrópolis, aparecerá a mano derecha la calle del Barquillo. Si nos encauzamos por su trazado accederemos a uno de los rincones más agradables de Madrid, la plaza del Rey. Hoy con su aspecto tranquilo disimula muy bien un gran secreto, en ella podemos decir que nació el rock de nuestro país o al menos dio sus primeros pasos.

Para sumergirse en la (gran) historia musical que encierra este recinto hay que remontarse a la apagada existencia en este paraje del Circo Price, el cual abrió sus puertas en 1880 en el solar que hoy alberga las diferentes dependencias del Ministerio de Cultura. (El edificio de color claro que destaca por ser mucho más moderno que el resto y que es coronado por un enorme reloj solar).

Resulta que el Circo Price puso en marcha en 1962 unos conciertos que tenían lugar las mañanas de los domingos y cuya trascendencia para la vida sonora no solo de Madrid, sino de España, fue esencial. En los «Matinales del Price», que así se les conocían, se abrió

una puerta que ya nunca se volvió a cerrar. Grupos de chicos jóvenes con muchísimas ganas e ilusión tocaban quincenalmente ante un aforo casi siempre completo.

Eran las primeras sacudidas de una «música moderna» (por aquel entonces nadie lo llamaba rock y sí *twist*) que vio como debutaba un jovencísimo Mike Ríos, quien más tarde cambió su nombre artístico por el de Miguel Ríos. Aquellos conciertos matinales supusieron un punto de inflexión, estaban bien organizados y aunque en ocasiones los equipos eran muy precarios, incluso había bafles de fabricación casera, la gen-

te se divertía y bailaba con una música diferente a lo hasta entonces conocido.

El primero de estos matinales se celebró el 18 de noviembre de 1962, el cartel estaba formado, entre otros, por Los Pekenikes, Los Tonnys y Los Cinco Estudiantes. Después de aquel primer recital llegaron otros catorce. En total, quince domingos de energía y música que supusieron un verdadero soplo de aire fresco a la escena nacional. Quince citas históricas por las que desfilaron unos 30 000 espectadores, con unas entradas que oscilaban entre las 10 y las 35 pesetas.

Los Matinales del Price dejaron claro que, especialmente las nuevas generaciones, querían hacer y consumir una música distinta, y así lo hicieron saber. Pronto los principales medios de comunicación se empezaron a hacer eco del revuelo y el jaleo que a su entender, cada dos domingos, se formaban en esta céntrica plaza. Algunas voces críticas como la revista *Triunfo*, el 8 diciembre de 1962 se refería de esta manera: «¿Dónde vamos a parar?... Unos dos mil muchachos salen tarareando *Speedy González* a tomar el aperitivo y a comer, que por la tarde hay que ir al guateque y a bailar el *twist*. Pero por hoy ya está bien, ya has tenido tu ración de *twist*».

Las fotos de los muchachos bailando *twist* a las puertas del Circo Price son históricas pero eran épocas de restricciones y represión, por lo que el final de estos conciertos no tardó en llegar. Las autoridades los prohibieron por los altercados que se formaban pero nada más lejos de la realidad, solo era gente con ganas de diversión. El franquismo trató de apagar aquella chispa pero la mecha ya se había encendido.

Antes de abandonar este apacible lugar, ¿os lo imagináis repleto de jóvenes bailando *twist* y tarareando canciones? La estampa hoy resultaría chocante, así que es bueno recordar que hace medio siglo, durante quince históricas ocasiones, fue así. En 1970 cerró el Circo Price en aquella ubicación pero el legado que dejó aquel espacio no se borrará nunca.

4. Zarzuela y ópera

Dejamos atrás la quietud de la plaza del Rey y los ecos de esos jóvenes alocados y poseídos por el *twist* y paseamos por la calle de las Infantas hasta llegar a nuestra siguiente parada. Una vía escueta que responde al bello nombre de calle del Clavel.

Antes de entrar en materia con este lugar, hay que señalar que toda esta parte del paseo, y la anterior localización, entran dentro de los límites del comúnmente llamado barrio de Chueca. Famoso a nivel mundial por dar cobijo a la comunidad de gais y lesbianas en Madrid. Su nombre se debe al compositor musical Federico Chueca. El ilustre autor de zarzuelas como *La Gran Vía* tiene una plazuela con su nombre a no muchos pasos de aquí. Un pequeño recinto que por extensión ha acabado bautizando a esta animada parte de Madrid. Como veis los guiños musicales en la ciudad son constantes.

Después de este inciso resulta oportuno avanzar por la calle del Clavel y prestar atención a su número 3. En este lugar vivió el músico Gioachino Rossini. Este compositor italiano de primera mitad del siglo XIX compuso óperas como *Tancredo*, *Guillermo Tell* o su archiconocido *El barbero de Sevilla*. Casado con una soprano madrileña, Isabel

Colbrán, en 1831 se traslada a Madrid y se instala en la Fonda de Genieys. Hay que recordar que por aquel entonces la ciudad no contaba con grandes hoteles de lujo para las grandes personalidades por lo que tuvo que optar por este lugar, que era uno de los mejores alojamientos de la ciudad.

Rossini precisamente había acudido a Madrid para dirigir una representación en el Teatro de la Cruz de *El barbero de Sevilla* a la que asistió el propio monarca español, Fernando VII. Durante su estancia recibió el encargo de componer su *Stabat Mater*, obra que no llegó a concluir en la Villa y Corte ya que no la estrenó hasta 1842 en la sala Ventadour de París. Como vemos, el espectro que une a Madrid con la música es bien variado y además, traspasa fronteras.

5. La Gran Vía

Casi sin darnos cuenta hemos llegado a la que es para muchos, entre los que me incluyo, la calle por excelencia de Madrid, la Gran Vía. Frenética, delirante y por momentos caótica, tiene algo que la hace altamente adictiva. Como epicentro y termómetro de la vida madrileña que es, no son pocos los artistas que la han mencionado en sus letras o que directamente han basado sus creaciones en ella.

Desde la anteriormente citada zarzuela *La Gran Vía*, de Federico Chueca, al tema de Radio Futura *Un africano por Gran Vía*. También el dúo madrileño Pereza le regala unas notas en *Eres mi rincón favorito de Madrid*. Pero de todas, a mi entender, la que mejor ilustra la biografía y latidos de estos 1306 metros de asfalto es *Gran Vía*, una balada de rock urbano del tristemente fallecido Antonio Flores.

Este tema, del año 1988, sirvió para dar nombre al tercer LP del artista madrileño. En él se recogen sensaciones y pensamientos que a más de uno le habrán rondado por la cabeza al recorrer esta arteria de noche. Hay que tener en cuenta que las zonas aledañas de la Gran Vía, y algunas incluso actualmente, han sido espacios donde la prostitución campaba a sus anchas y a según qué horas era mejor no perderse.

Obviamente, desde aquellas noches hostiles de la década de los ochenta, la situación ha mejorado pero estrofas como «solo veo el color de las chicas del amor» tienen una vigencia absoluta. Esta canción me fascina por el hecho de poner voz y música a algunas de las miserias que ha sufrido esta centenaria avenida. Bipolar al extremo, su vida de día no ha tenido nada que ver con lo experimentado al caer el sol. Además, como bien cantaba Antonio, ¿quién no se ha sentido pequeño en este lugar?: «La boca reseca, entro en un bar, miradas que atraviesan mi personalidad; me siento pequeño en este lugar».

6. La casa de Glinka

Precisamente, los resquicios de esa Gran Vía taciturna y apesadumbrada aún se palma en una de sus más famosas ramificaciones, la calle Montera. Más conocida por ser la vía donde la prostitución callejera se ejerce a la vista de todos, a cualquier hora del día, parece que ahora vive una nueva vida, con la apertura de no pocos restaurantes e instalación de terrazas.

Por su magnífica ubicación, la calle Montera siempre ha estado transitada y demandada, por esta razón el compositor ruso Mikhail Ivanovich Glinka vivió en ella, en el portal número 14. Este músico nacido en 1804 llegó a Madrid en 1845 y pronto cayó enamorado de la ciudad, aunque en eso no fue ni el primero ni el último. Estamos ante el que ha sido considerado padre de la música clásica rusa, siendo uno de sus grandes méritos el fusionar el folclore popular con las obras sinfónicas.

Durante su vida en España, y en concreto en Madrid, se interesó mucho por la música popular de nuestro país. Estas nuevas influencias tuvieron como consecuencia la creación de dos piezas como fueron *Jota aragonesa* (1845) y *Recuerdos de una noche de verano de Madrid* (1848). Otro ilustre personaje del mundo de la música que no solo sucumbió a los encantos de la ciudad, sino que además, este gusto quedó inmortalizado en su obra.

Tras lanzar una mirada de complicidad a la placa romboidal que nos recuerda la estancia de Glinka en Madrid, volvemos sobre nuestros pasos, con calma, y puede que nos crucemos con dos personajes muy peculiares.

7. Madrid Rock y los *heavies* de Gran Vía

Si pasáis cualquier tarde del año a la altura del número 25 de la Gran Vía es casi seguro que os topéis con José y Emilio, los hermanos Alcázar, también bautizados en la cultura popular madrileña como «los *heavies* de Gran Vía». Su *look* es de los que secuestran la mirada al que se los cruza por primera vez, sus pantalones de pitillo, sus cinturones de balas y sus camisetas de tirantes no se olvidan, por lo que, si en algún momento os habéis topado con ellos, ya sabéis de quienes hablo.

La historia de estos hermanos es la de una reivindicación casi ya romántica. Una tarde tras otra, esta pareja realiza el mismo peregrinaje desde el barrio de Tetuán, donde viven, hasta la misma barandilla en la que se apoyan ya casi de forma inconsciente, desde 2005. Una llamativa costumbre que los ha convertido en un elemento urbano más de Madrid.

Quien cae en la cuenta de que estos hermanos siempre están de pie ocupando el mismo metro cuadrado de acera, al final termina por cuestionarse ¿qué hacen allí?, ¿a quién o qué esperan?, y lo cierto es que no esperan nada, ni a nadie. El motivo de su presencia lo encontramos a muy pocos pasos, justo delante de ellos. Lo que hoy es una inmensa tienda de ropa perteneciente al Grupo Inditex fue hasta hace nueve años una tienda de música, Madrid Rock. Esta fue una cadena de tiendas de discos cuyo espacio bandera fue el que precisamente nos ocupa.

Emilio y José tenían aquí su garito preferido, muchos años de sus vidas estaban dentro de este lugar, en el que pasaban horas y horas, compartiendo gustos, entablando amistad con los dependientes y sobre todo disfrutando de su música favorita. De este modo, el cierre de la tienda fue un verdadero mazazo para ellos, quienes no estaban de acuerdo ni en el fondo ni en las formas.

En el momento del cierre, la afluencia de público a la tienda seguía siendo más que notable, ya que unas 1000 personas se dejaban caer por ella cada día. No obstante, la piratería y el *top manta* fueron un coloso contra el que les fue imposible luchar. La consecuencia fue que muchas personas se vieron de la noche a la mañana en la calle, sin trabajo. Por eso, como señal de protesta, los hermanos Alcázar optaron por acudir a las puertas del extinto Madrid Rock, una tarde tras otra. Aquella reivindicación pasó a formar parte de sus vidas y ahora, este tramo de la Gran Vía, no se entiende sin ellos.

8. La casa de Isaac Albéniz

De las tachuelas y cazadoras de cuero de José y Emilio pasamos en apenas unos metros al siglo XIX. Tomamos el mismo paso de cebra en cuyo extremo pasan los días estos dos iconos del nuevo Madrid y como si de un puente se tratase lo tomamos para plantamos casi de frente en la calle de Fuencarral, sinónimo del Madrid más comercial. Antes de que las tiendas nos dispersen y nos hagan olvidar el verdadero motivo de nuestro paseo, tomaremos la segunda calle que se nos presente, a mano izquierda.

Habremos llegado a una vía muy corta y de aspecto sencillo, ¿su nombre?: calle de San Onofre. En solo unos pasos más, en el portal número 4, en-

contramos el que fuera domicilio, entre 1873 y 1882, del célebre compositor y pianista Isaac Albéniz. En uno de sus humildes pisos convivió el músico junto a sus padres y sus dos hermanas Enriqueta y Clementina.

Fue en los años en los que este gerundense acudía a clases del Real Conservatorio de Música. Con el paso del tiempo se mudaría a otros puntos de Madrid como Lavapiés, la cercana calle de San Mateo o finalmente, gracias a su creciente poder adquisitivo y a su prestigio, a la elegante calle de Jorge Juan, en el barrio de Salamanca.

Su vida en la capital también quedó reflejada en varias de sus piezas como *San Antonio de la Florida* o *Lavapiés*. Antes de reiniciar el camino, si queréis reponer fuerzas, una buena opción es el próximo Horno de San Onofre donde, dicen las malas lenguas, Albéniz dejó por pagar una cuenta tras invitar a varios amigos a dulces… ¡No hagáis como él!

9. Bar El Palentino

Los grafitis y las aceras estrechas serán nuestros compañeros de viaje a partir de este momento y hasta finalizar este paseo. Ahora toca adentrarse en el barrio de Universidad, o al menos ése es su nombre oficial ya que todo el mundo le conoce como Malasaña. Cuatro sílabas que evocan a la archiconocida Movida madrileña, uno de los capítulos trascendentales en la vida y banda sonora de Madrid.

Poco a poco nos iremos empapando de su ambiente e historia pasando por varios de sus garitos más conocidos y evocados. Antes de ello nos acercaremos hasta la siempre agitada calle del Pez para hacer un breve alto en el camino en el que fuese su bar más famoso, El Palentino.

Aquí languidece el enorme local al que acudían en masa jóvenes y no tan jóvenes del barrio de aspecto moderno a dar buena cuenta de numerosas rondas de cañas, envueltos en un ambiente cargado, impregnado con un inevitable olor a aceite. En el mismo espacio que no mucha gente sabe, Manu Chao grabó buena parte del videoclip de su tema *Me llaman calle*, en el año 2007. Precisamente la canción había aparecido un par de años antes en la película *Princesas* de Fernando Léon de Aranoa y en el que se trataba el tema de la prostitución. Si queréis revivir por unos instantes este emblemático lugar os animo

a que busquéis el videoclip en Youtube. Allí, las puertas de El Palentino siguen abiertas a todo el público, como lo estuvieron durante décadas.

10. Los excesos de la Movida

Ponemos punto y seguido a la barra blanca y a los vasos de tubo de El Palentino y cambiamos de registro en busca de un poco de tranquilidad y sosiego. Para ello enfilamos una de las calles más calmadas de toda la zona, la bucólica Jesús del Valle. Merced al silencio que mora a sus anchas por este lugar, es momento de reflexionar sobre lo que nos deparará de aquí a que termine este paseo, algo que se resume en dos palabras: Movida madrileña.

La Movida fue una bocanada de aire fresco tras las décadas grises y opresoras del franquismo. Principalmente los jóvenes tenían ganas de nuevas formas de expresarse, no solo en la música, también en otros ámbitos como el cine o la literatura, aunque quizás el mayor poso que dejó este movimiento cultural fue el sonoro. Una intención descarada de rebelarse contra lo asentado e impuesto.

Con la llegada de influencias melódicas desde el extranjero, comenzaron a proliferar grupos con muchas inquietudes aunque con escasos recursos, aun así, las nuevas generaciones estaban ansiosas de hacer cosas diferentes, sin atenerse a censura alguna. Comenzaron los años ochenta y empezaron a proliferar grupos como Radio Futura, Los Secretos, Nacha Pop, Alaska y los Pegamoides, Glutamato Ye-yé, Aviador Dro, Las Vulpes o Los Nikis. Algunos muy diferentes entre sí pero casi todos con un denominador común, las calles por las que ahora vamos a pasar y que los vieron divertirse, crecer y escribir sus nombres en la historia de la música.

Esto es así porque la Movida madrileña principalmente se gestó en toda esta parte del oficial barrio de Universidad pero que tras este vendaval musical pasó a denominarse para siempre Malasaña, por un motivo que más adelante explicaré.

Hechas las presentaciones, es importante subrayar que en la actualidad Malasaña es un barrio joven, con una gran fuerza y que ha heredado de aque-

llas décadas pasadas una importante actividad cultural pero que también recibió en sus manos una intensa vida nocturna. Hablamos de una de las zonas preferidas para empezar o terminar la noche en sus locales, algunos verdaderos templos de la música como descubriremos en varias paradas. Primero toca hablar del legado más triste que nos dejó.

Ahora se trata de una zona muy tranquila, en la que se puede pasear a cualquier hora del día sin temor alguno. Por desgracia, hace no mucho esto no era posible. El lado más oscuro, y peor recuerdo, de la Movida estuvo campando por muchas de estas hoy coloridas calles hasta hace no tanto. Inseguridad y drogas fueron dos palabras lamentablemente muy repetidas por los vecinos. Estas finas calles no eran el lugar más aconsejable para perderse en Madrid y sus portales encerraron demasiados capítulos tristes como el que ahora nos ocupa.

Después de haber subido por toda la calle de Jesús del Valle habremos llegado hasta Espíritu Santo una de las vías más relevantes de este barrio tan activo y guerrero. Se trata de una calle que en su primer tramo despierta con fuerza y gran energía pero que según nos acercamos a su final parece que va perdiendo intensidad, como si nos quisiera avisar de lo que allí sucedió. Si al llegar a ella torcemos a mano izquierda tendremos que caminar solo unos 100 metros más para encontrarnos de frente con el portal número 23. En él, un desapacible 17 de noviembre de 1999, fue encontrada sin vida una de las voces más relevantes de la Movida madrileña, la de Enrique Urquijo.

La vida intensa de esta época resultó un peaje demasiado alto y caro para alguno de sus protagonistas, por mencionar solo a un par de ellos podemos hablar de Antonio Vega de Nacha Pop o del propio Enrique, voz y fundador de Los Secretos. Este madrileño, criado en el barrio de Argüelles, fue el creador de auténticos himnos como *Déjame* o *Sobre un vidrio mojado*. Después de dejar Los Secretos, retomó su carrera con Los Problemas, con quienes sacó dos discos más pero su enésima recuperación se vio truncada aquel frío miércoles, con tan solo 39 años. Después de dos días desaparecido, su cuerpo sin vida era encontrado en el interior de este portal de Malasaña, de madrugada.

Su voz grave y su mirada triste callaban para siempre, no así su música. Aún son muchos los seguidores de Enrique, y de este grupo, que se acercan hasta este portal y le rinden un último homenaje, firmando con alguna de sus estrofas sobre la última puerta que lo vio entrar con vida pero jamás salir.

11. La Vía Láctea

Después de esta triste parada, es el momento de reanudar el itinerario y lo haremos deshaciendo nuestros últimos pasos para adentrarnos en la calle de San Andrés. Muchos locales en sus aceras, la mayoría dedicados a la restauración, y en el ambiente flotando ese aire canalla y despreocupado de la Movida madrileña. Un trayecto relativamente corto el que nos llevará hasta el corazón del barrio de Malasaña, la plaza del Dos de Mayo. Momento para recordar cómo la denominación oficial de esta porción de Madrid, Universidad, cayó en el olvido en detrimento del oficioso Malasaña.

Resulta que a muy poca distancia de aquí, y si siguiéramos hacia el norte, se extiende la calle de Manuela Malasaña, una de las heroínas del ampliamente recordado 2 de mayo de 1808 y que precisamente vivió a pocos pasos de aquí. Esta calle estuvo en un relativo anonimato hasta la llegada de este fenómeno del que estamos tratando ahora, la Movida. Fue en Manuela Malasaña donde con la llegada de este torbellino empezaron a habitar locales que servían de punto de encuentro para todos estos jóvenes. Sin móviles ni *whatsapp* como ahora, cuando llegaba el momento de concretar un encuentro para más adelante, la respuesta era sencilla: «Nos vemos en Manuela Malasaña».

Así fue como la fama de esta calle fue extendiendo sus raíces por todo el barrio hasta apoderarse de su alma y de su denominación, y motivo por el que ahora el término Malasaña es uno de los más vinculados y apegados al Madrid moderno y actual. Tras esta pequeña aclaración es momento de ir en busca de uno de los templos que aún quedan en pie de aquellos tiempos de agitación, y lo encontramos en la calle Velarde, número 18.

Cuando el dúo zaragozano Amaral, en su tema *Es solo una canción*, cantan: «De tanto reír, no puedo ni hablar, y hay tantas cosas que te quiero contar, ¿te hace un billar?, nos vemos en la Vía Láctea...», no están sugiriendo un encuentro en esa galaxia lejana sino que nos están hablando de un lugar muy concreto y tangible. La Vía Láctea fue y es uno de los órganos vitales de Ma-

lasaña a pesar de su tamaño. Sus puertas abrieron en julio de 1979 y sus paredes no han dejado de abrazar sueños y anécdotas desde entonces. Fue un garito fundamental en plena Movida y aún hoy, después de la tempestad, sigue contando con un importante peso.

Sus techos cubiertos de *posters* de bandas míticas y sus neones nos envuelven en el que antaño fue local de eminente carácter rockero, tintes y clientela que a su vez resultaron suavizados con el paso del tiempo. Su enorme personalidad se labró gracias a los discos que pinchaban en su momento Kike Turmix o Diego Manrique entre otros. Hoy, con 35 años de vida a sus espaldas, sigue siendo un maravilloso viaje en el tiempo y uno de los epicentros de la descarada noche del barrio gracias a su ambiente y, sobre todo, buena música. Un trocito de Madrid que resulta historia viva de la ciudad.

12. Ese chico triste y solitario

Se va acercando el final de este paseo musical y llega el momento de hacer referencia, aunque antes ya lo citamos de puntillas, de uno de los iconos de la Movida y del panorama musical madrileño y lo haremos con una doble localización. Su protagonista es Antonio Vega, ese chico triste y solitario, voz y fundador del legendario grupo Nacha Pop y de cuya cabeza salieron fabulosos temas como *Lucha de gigantes*, *El sitio de mi recreo* o la ya legendaria *Chica de ayer*.

Para hablar de este genial talento es conveniente avanzar por la calle Velarde hasta su desembocadura a la calle Fuencarral. Esa diminuta explanada ocupada principalmente por motos aparcadas y gente con paso fugaz resulta que consta en el callejero de Madrid como una plaza, una de las más pequeñas de la ciudad, y recibe el nombre de este artista, plaza de Antonio Vega. Un homenaje tan discreto como su homenajeado, fallecido en mayo de 2009.

Antonio Vega comenzó a escribir una de las páginas doradas de la música de nuestro país cuando en 1978 formó junto a su primo, Nacho García Vega, el grupo Nacha Pop. Pronto quedó patente la sensibilidad con la que este madrileño percibía el mundo que le rodeaba gracias a sus brillantes letras con las

que lograron un reconocimiento inmediato. Cinco discos de estudio después, Antonio decidía seguir su carrera en solitario pero su leyenda ya había comenzado a caminar mucho antes.

Y gran culpa de ello lo tiene ese himno del que se han adueñado varias generaciones. Cada vez que suena ese punteo de guitarra y la voz apagada de Antonio dice aquello de «Un día cualquiera no sabes qué hora es…» uno no puede evitar emocionarse. Han sido incontables las veces que me he perdido por el barrio de Malasaña, bañado en sus atardeceres dorados y escuchando esta canción en mis auriculares. Creo que hay pocas experiencias más emotivas por hacer en Madrid.

Se trata de un tema que paradójicamente Antonio compuso muy lejos de Madrid, mientras hacía la mili en Valencia junto a la playa y que de principio a fin desprende ese aire afligido y desventurado que tanto marcó la vida de Antonio y que según que jornadas también se puede palpar en el barrio. Digamos que artista, obra y contexto fluyen en una deliciosa armonía y los tres se fusionan en un punto muy concreto de Madrid, nuestra penúltima parada, El Penta.

Casi pegando a la plaza de Antonio Vega, si nos dirigimos por la Corredera Alta de San Pablo, veremos en la primera esquina esta meca de la Movida y, junto al anteriormente mencionado La Vía Láctea, verdaderos supervivientes de aquella época. La vida de El Penta, se inició en 1976, se encumbró a los altares gracias a una de las estrofas de *La chica de ayer* en la que Antonio susurra «Luego por la noche al Penta a escuchar, canciones que consiguen que te pueda amar». Desde entonces por este local han desfilado miles de personas guiadas por esta frase, quizás tratando de agarrar ese amor idealizado al que canta Antonio en una de las composiciones cumbre de nuestra historia.

Ya antes de ello, este sitio, uno de los primeros locales de copas de Madrid, en el concepto que hoy todos entendemos como tal, había conseguido hacerse un nombre entre los jóvenes. Los componentes de Burning, Los Secretos, Gabinete Caligari o los propios Nacha Pop, eran clientes habituales pero fue a raíz de *La chica de ayer* cuando empezó a forjarse como (casi) un lugar de peregrinación.

Hoy sigue funcionando como bar de copas y obviamente su banda sonora la componen pop y rock español desde los años ochenta a la actualidad. Con una clientela bastante heterogénea, desde hace muchos años noche tras noche repiten el mismo ritual, la última canción que suena es *La chica de ayer*, un fabuloso homenaje a Antonio para que la llama de su música no se apague nunca.

13. Madrid Me Mata

Después de imaginarnos la frágil silueta de Antonio atravesando por penúltima vez el umbral de la puerta de El Penta es el momento de seguir unos

pasos más, hasta el portal número 31 de esta misma calle y llegaremos a Madrid Me Mata, un local abierto recientemente donde podremos entrar a tomar algo para reponer fuerzas después de la intensa caminata y a la vez empaparnos en lo visto y leído en este último rato ya que además de bar es un museo de la Movida.

En sus paredes cuelgan *posters* de conciertos, fanzines, fotografías de cantantes y grupos y diferentes objetos que pertenecieron a artistas como un bajo de Los Nikis, un teclado de Ana Curra y demás instrumentos y prendas utilizados por muchos de los actores principales de este movimiento. Un lugar para nostálgicos y curiosos que cuenta con una excepcional colección cedida, en muchos casos, por los propios artistas.

Un impresionante bar-museo alojado en un espacio de más de 200 metros cuadrados en donde podremos revivir y sentirnos protagonistas, aunque solo sea durante un ratito, de aquel fenómeno que cambió para siempre la cara de este barrio y, por supuesto, la de Madrid.

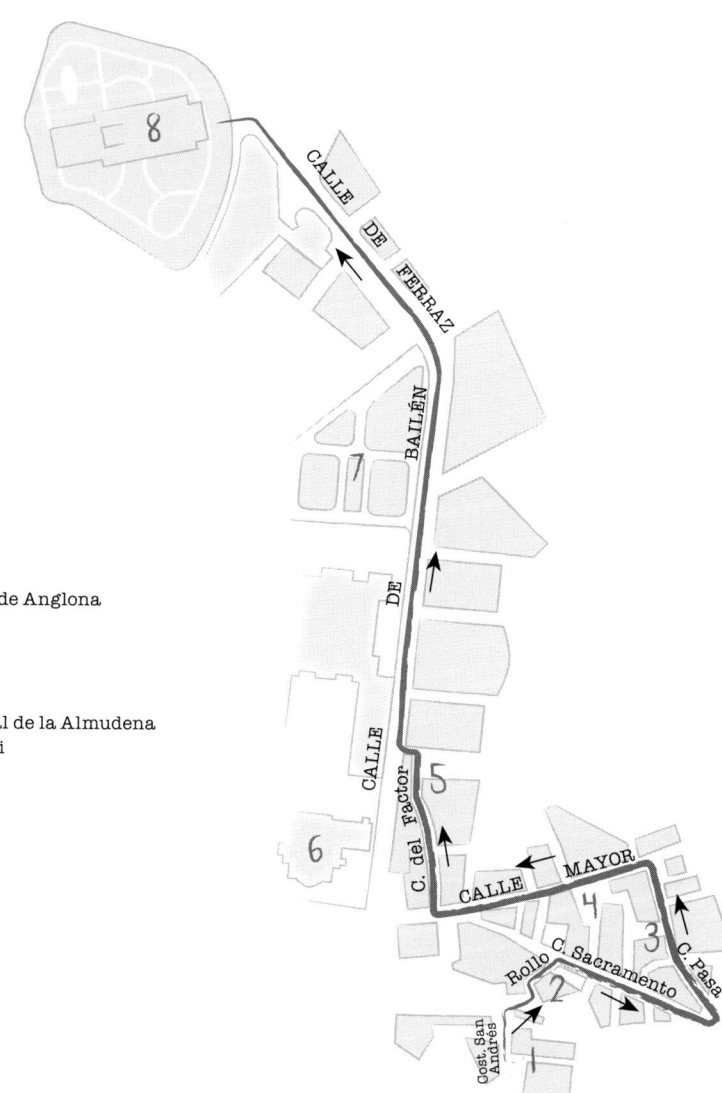

1 Jardín del Príncipe de Anglona
2 Calle del Rollo
3 Calle de la Pasa
4 Plaza de la Villa
5 Altos de Rebeque
6 Cúpula de la catedral de la Almudena
7 Jardines de Sabatini
8 Templo de Debod

CALLE DE FERRAZ

BAILÉN

CALLE DE

C. del Factor

CALLE MAYOR

Cost. San Andrés

Rollo

C. Sacramento

C. Pasa

LA CITA PERFECTA EN MADRID

LA CITA PERFECTA EN MADRID

1. **Jardín del Príncipe de Anglona**
2. **Calle del Rollo**
3. **Calle de la Pasa**
4. **Plaza de la Villa**
5. **Altos de Rebeque (calle de Rebeque)**
6. **Cúpula de la catedral de la Almudena**
7. **Jardines de Sabatini (calle de Bailén, 2)**
8. **Templo de Debod (calle Ferraz, 1)**

Madrid invita a ser recorrida con atención y delicadeza tanto en soledad como en compañía, y si es junto a esa persona ante la cual se empiezan a despertar ciertos sentimientos, mucho mejor.

Está claro que junto a la persona adecuada cualquier lugar resulta especial y agraciado, pero sí es cierto que hay varios puntos de Madrid que por su historia y la intimidad que nos ofrecen resultan ideales para una cita memorable.

Este paseo en especial está diseñado para que se haga con calma, saboreando los matices que nos aportará cada una de las paradas que aparecen en el itinerario. Está prohibido mirar el reloj, es importante que el tiempo fluya sin importarnos. Solo así se producirá una perfecta comunión entre marco y protagonistas. Solo así Madrid será testigo de momentos que desearás que se hagan eternos.

1. Jardín del Príncipe de Anglona

No se ocurre mejor lugar para dar inicio a una jornada romántica que esta localización, posiblemente el rincón más íntimo y coqueto de cuantos he podido descubrir durante todos mis paseos en

Madrid y os aseguro que han sido unos cuantos.

Rodeado de historia y de historias, sus muros han sido testigos de innumerables citas y palabras susurradas al oído. Aun así, a pesar del paso de los años, continúa siendo lo suficientemente poco conocido para arrojar una importante dosis de intimidad a sus visitantes, que es lo que precisamente busca todo aquel que se aproxima a conocerlo. Madrid cuenta con muy pocos ejemplos de jardín nobiliario del siglo XVIII y este es uno de ellos. Su biografía se escribe de forma conjunta a la del edificio que lo flanquea por uno de sus lados, el palacio de Anglona. La diferencia es que antiguamente este frondoso oasis de paz solo estaba reservado para unos pocos y ahora se muestra sin complejos a cualquiera que se anime a recorrerlo.

Este delicioso paraje, que salva con maestría el desnivel que se produce entre la calle de Segovia y la plaza de la Paja, cuenta con variados elementos. A destacar sus árboles frutales, varios parterres, un solitario templete de hierro y una fuente de granito en el centro.

Entre todos conforman un decorado de ensueño que parece extraído de una novela.

Su verde e intensa población hace que apenas quede espacio para los abruptos caminos de ladrillo que transitan por él. Con un poco de suerte encontraremos libre uno de sus múltiples bancos de piedra. En él, sin agobios y bajo una redentora sombra os invito a reposar las piernas y a coger las fuerzas necesarias para el cautivador paseo que se nos viene encima. No hay que mirar la hora, solo tratar de mantener una conversación serena con la compañía elegida. El instinto dirá cuándo es el momento exacto de lanzarse a callejear Madrid, a la caza y captura de los diversos escenarios que os brindarán una encuentro inolvidable.

2. Calle del Rollo

Es obvio que cualquier paseo, siempre que sea en compañía de la persona adecuada, se convierte en una experiencia altamente gratificante casi dejando en segundo plano al escenario que nos contempla. Sin embargo, hay zonas que aún suman más en esta ecuación, aportando matices que hacen que ese momento sea todavía más especial y si hay una zona de Madrid que consiga este propósito es la que vamos a transitar.

Después de atravesar la calle de Segovia nos toparemos de frente con la plaza de la Cruz Verde y a mano derecha, sobre una pronunciada pendiente, nace la calle del Rollo. Os propongo recorrerla de forma serena. Su inclinación casi resulta un mecanismo de alarma para que nos resulte imposible cruzarla de manera acelerada y sin fijarnos en la belleza del entorno que nos rodea.

A partir de este momento se abren ante nosotros varias manzanas que se caracterizan por sus escalinatas y cantos rodados. Mi primera recomendación sería fijarse en la estupenda fachada de la calle del Rollo cubierta por enredaderas y flores. Un colorido guiño que nos recuerda que, muchas veces, es en lo más sencillo e inocente donde habita lo más cautivador. A partir de aquí os recomendaría pasear sin rumbo fijo por esta zona de callejuelas silenciosas y vidas zigzagueantes.

Esta minúscula área de Madrid, que hace de frontera entre La Latina y el co-

múnmente denominado Madrid de los Austrias, nos descubre una bonita postal a cada paso. La calle del Conde, la calle del Cordón o el pasaje del Obispo son lugares donde el tiempo se detuvo y, al parecer, optó por salir huyendo. Por todas ella se esboza y palpa un Madrid alejado de los clichés y la etiquetas que persiguen a la capital y se repiten de forma incesante.

Hay vías y contextos que facilitan que una cita funcione y transcurra sobre ruedas y todas las que encontraremos por esta zona son buena prueba de ello. Calma, historia y un entorno que desde la primera visita consigue resultar familiar. El Madrid más romántico nos invita a un agradable paseo hasta nuestra próxima parada, una calle que en la ciudad, de parejas y de amores, sabe un rato.

3. Calle de la Pasa

Después de invertir un rato en desgranar esta sin par porción de Madrid, marcamos rumbo hacia la plaza de la Puerta Cerrada, a mano izquierda una considerable zona de acera nos avisará de que hemos llegado hasta nuestro siguiente destino. La mejor forma de asegurarnos de que estamos en el sitio exacto es localizar el tradicional restaurante Casa Paco, cuya llamativa fachada de color rojo nos pondrá en alerta.

Llegado a este punto, es el momento de enfilar la fina calle que queda a mano derecha según sales de la citada Casa Paco, que para más señas, se llama la calle de la Pasa. Algunos al escuchar el nombre de esta vía ya os podéis imaginar por qué os he traído hasta aquí, para los que estéis un poco despistados os refrescaré la memoria con un famoso dicho madrileño: «Quién no pasa por la calle de la Pasa no se casa».

Esta conocida cantinela popular se hizo muy famosa hace ya un buen tiempo y afectaba a todas aquellas parejas que querían certificar su amor mediante el ejercicio del matrimonio. Para entender el significado de la misma hay que retroceder a tiempos de Carlos III cuando se levanta el Palacio Arzobispal que aún se puede contemplar a mano izquierda ocupando todo el tramo inicial de la calle.

Esta construcción de aspecto sencillo y sin demasiados adornos que dela-

ten su presencia era una visita obligada para todas las parejas que querían
casarse en Madrid. Hay que entender
que en el momento en el que se origina
el dicho, en el siglo XVII solo existía el
matrimonio religioso y no el civil, por
lo tanto, los trámites previos al mismo
se tenían que venir a solventar al número 3 de esta calle, de ahí aquello de que
«quien no pasa por la calle de la Pasa,
no se casa».

En la actualidad este lugar ya no
ejerce las funciones de vicaría, sino que
hoy por hoy sirve de residencia a los
obispos y cardenales de la Archidióce-
sis de Madrid y también alberga otras
dependencias como el Archivo Diocesa-
no. Por cierto, ya puestos vamos a explicar el origen del nombre de la calle.

Este viene de la tradición de dar, en
este lugar, una curiosa limosna a los
numerosos mendigos que habitaban la
Villa y Corte, exactamente un puñado
de pasas. Desde uno de los accesos del
palacio se daba a los más necesitados
este dulce donativo por lo que se empezó llamando «la puerta de las pasas» y
de ahí derivó a la calle de la Pasa.

La excusa del paseo romántico es
perfecta para transitar por esta simbó-
lica callejuela y recordar una anécdota
detrás de la cual se escriben las ilusio-
nes, anhelos y proyectos de muchas de
las parejas que, siglos antes, tuvieron
que pasar por aquí. Gracias a este dicho
sabemos cómo empezaron sus historias,
lo que nos resultará más difícil conocer
es cómo terminó cada una de ellas.

4. Plaza de la Villa

Tras inspeccionar este sencillo paraje y de sumergirnos en su anterior vida, toca reanudar el camino, persiguiendo lugares donde el Madrid más distinguido nos arropa en su regazo de piedra y ladrillo. Para ello, atravesaremos la tristona plaza del Conde de Miranda y nos dejaremos llevar por ese túnel del tiempo que responde al nombre de la calle del Codo. Ante nosotros se hace la luz y se extiende un nuevo escenario, la plaza de la Villa.

Reconozco que desde el primer momento que me topé con este armónico conjunto arquitectónico supe que estaba en un lugar diferente, de los que dejan huella. Me llama poderosamente la atención que, a pesar de la considerable y trabada historia que este recinto carga sobre sus hombros, siempre se muestra pausado y casi indefenso. Lugar este en el que se nos ofrecen pequeños sorbos de la historia de Madrid que, por supuesto, con la compañía adecuada, se saborean mucho mejor.

Conviviendo con la calle Mayor, son bastantes los grupos de turistas que se acercan hasta ella, pasan de puntillas por su vida y vuelven a abandonarla sin cargo de conciencia alguno. Desconozco si será por la ausencia de bancos pero nunca que me acerco por ella hay gente contemplándola con tiempo, como se merece. Solo visitas de quita y pon, amores fugaces que le rompen una y otra vez el corazón, por eso os incito a apoyaros en una de sus fachadas o incluso a sentaros en el suelo y dejad que las manecillas del reloj avancen sin pena, solo así, uno es partícipe de su sentir.

Hasta ella llegan tres tímidas callejuelas, la del Cordón, la del Codo y la de Madrid. Sin saberlo, aportan su granito de arena a un recinto que destaca por la presencia de tres notables edificios, cada uno de un estilo y una centuria diferente. A un extremo se eleva la Torre y Casas de los Lujanes cuyo torreón data del siglo XV y tiene el honor de ser el edificio civil más antiguo de la ciudad. En el centro de la postal la Casa de Cisneros, ordenada construir en el siglo XVI por el sobrino del cardenal Cisneros. Por último, nos encontramos con la Casa de la Villa, del siglo XVII, edificio

que originalmente se construyó como cárcel aunque desempeñó las funciones de Ayuntamiento de Madrid desde 1693 hasta 2007. Hubo un tiempo en el que compaginó las funciones de prisión y de consistorio aunque cada una tenía un acceso diferente. Las dos puertas gemelas usadas para ello aún se pueden observar en la fachada. En el centro de la explanada, encadenada a la soledad, se erige la figura del marino don Álvaro de Bazán, obra de Mariano Benlliure.

Este bello recinto, antaño llamado plaza de San Salvador, nos evoca de un primer vistazo al Madrid medieval, aquel que ahora solo se percibe entre apagados susurros. Una parte muy relevante de la biografía de la Villa y Corte se escribió entre los tres flancos de este recinto. Un pasado que se fue apagando a la par que la plaza se vaciaba de vida. Por eso, de vez en cuando, es importante dejarse caer por aquí, para mantener despierta aquella llama. Mientras esto ocurre, su equilibrio entre historia e intimismo lo convierten en un sitio cargado de sentimiento y romanticismo.

5. Altos de Rebeque

Ahora es el momento de retomar nuestro camino, una vuelta a la realidad que se produce en cuanto ponemos un pie en la calle Mayor. De pronto, todo parece ir más rápido y recobrar el sen-

tido perdido, pero tranquilos, será así durante un breve lapso de tiempo. Caminando hacia la izquierda, es decir, dejando atrás el hormigueo incansable de la Puerta del Sol, a unos 100 metros hará su aparición la calle del Factor. Es su tramo final lo que buscamos.

Mientras vamos remontando su ascendente trazado quizás sea apropiado recordar el motivo de su nombre. Este se debe a que en ella estuvo la vivienda de Fernán López de Ocampo, quien fuese encargado de llevar las cuentas de la Hacienda Real, ocupando de esta forma el puesto de «factor» de Felipe II.

Su aspecto hermético y mudo le proporciona ese encanto que nos aísla de distracciones pasajeras y nos lanza a una conversación casi obligada con nuestro compañero o compañera de camino. Sin prácticamente tiendas ni locales en sus bajos, su vida se presume tranquila. Mucho antes de que nosotros llegásemos sus edificios tuvieron que aprender a vivir en una pendiente constante. Proseguimos nuestro itinerario hasta pasado el tramo donde la calle se vuelve a abrir a la ciudad. Es ahora donde asimilamos que la pronunciada subida que hemos estado asumiendo ahora nos brinda un elevado e interesante punto de vista, nuestra recompensa está cerca.

Es precisamente en ese giro abierto, en el cual la calle del Factor se fusiona con la calle de Rebeque al punto donde queremos llegar. Estamos en lo que en su día se denominaron los Altos del Rebeque, precisamente en alusión a su privilegiada altura. A priori puede parecer que este desvencijado rincón no tiene nada que aportar a este paseo pero paciencia. Si afinamos un poco la vista y dirigimos nuestra mirada hacia la catedral de la Almudena tendremos la postal más maravillosa de cuantas se pueden admirar de este templo en Madrid.

Sentados sobre ese pequeño murete de piedra admiramos cómo entre los árboles se eleva este templo cuyo nombre completo es catedral de Santa María la Real de la Almudena. Su primera piedra se puso en 1879 y no se concluyó hasta más de un siglo después, en 1993. Desde esta protegida atalaya supervisamos esta mole en todo su esplendor. Una mirada única e insólita que nos regala un momento casi mágico. Pocos son los que conocen este primoroso mirador así que, por suerte, casi siempre nos concede un momento solemne que nos gustaría alargar más, mucho más.

Después de quedarnos embelesados con este gran lienzo, toca aproximarnos hasta la Almudena y cambiar ligeramente las tornas. En breves instantes pasaremos de mirarla a ella a hacerlo desde ella. Un pequeño cambio con unas consecuencias considerables.

6. Cúpula de la catedral de la Almudena

Toda cita que se precie merece tener un momento de disfrute en las alturas, con unas vistas que nos corten el alieno y precisamente la catedral de la Almudena nos brinda esta oportunidad. Para ello tenemos que ser conscientes de que el acceso a la misma solo es posible de lunes a sábado, en horario de 10:00 a 14:30 y que para visitarla es preciso pagar una entrada. Si ambos condicionantes os encajan, estaréis en disposición de ver una de las mejores panorámicas de todo Madrid.

El acceso para subir a la cúpula incluye un itinerario por el Museo Catedralicio donde se pueden ver diferentes obras y objetos pero, sin embargo, desde mi forma de entender, lo más valioso de toda esta visita es algo intangible y que nos espera después de subir un buen puñado de peldaños.

La primera sensación que a uno le embriaga al salir de nuevo al exterior es la de extrañeza. Uno está acostumbrado a contemplar este rincón desde la lejana distancia así que cuando te ves formando parte de él casi hasta cuesta acostumbrarse. Después empieza el deleite al ir bordeando el perímetro de la cúpula, junto a la baranda, gozando de una perspectiva única, y de 360 grados, de toda la cornisa oeste de Madrid.

Es uno de los grandes secretos de la catedral de la Almudena, consagrada en 2003 por Juan Pablo II, la fascinante visión que le brinda a aquel que se anima a subir hasta su particular cumbre. A un lado de extiende, casi infinita, la Casa de Campo y también el parque del Oeste. Al otro se acumulan y funden las torres y tejados de los edificios que suman el órgano vital de Madrid. Un contraste que marca la frontera entre la ciudad y sus verdes límites.

Durante la visita y breve recorrido por el anillo exterior de la cúpula nunca estaremos solos puesto que vamos a estar acompañados de al menos doce presencias, las estatuas obra de Luis Sanguino que representan a los doce apóstoles.

Personalmente creo que conocer este rincón es imprescindible para todo amante de la ciudad. Independientemente de ideologías o credos, desde esta posición, a vista de pájaro, Madrid se puede admirar, y casi abrazar, como solo muy poquitos lugares son capaces de hacerlo. Con días claros el espectáculo visual alcanza hasta la sierra. Un lugar de ensueño que seguramente ayudará a que tu cita resulte única.

7. Jardines de Sabatini

No muy lejos de aquí se ubican los jardines de Sabatini, un espacio donde la vegetación juega un papel primordial y que, por fortuna, siempre nos reserva algún recoveco y una buena dosis de privacidad, a pesar de encontrarse en uno de los epicentros del turismo de Madrid.

La vida de este refrescante lugar está ligada a la existencia de su gran vecino, de hecho bastaría con recordar que el terreno que ahora ocupa fueron, en su origen, las caballerizas reales donde se guardaban a buen recaudo animales, carrozas e incluso los coches de la realeza. Unas caballerizas que fueron diseñadas por el arquitecto italiano Francesco Sabatini, quien en contra de lo que pueda parecer no tuvo nada que ver en el diseño de los actuales jardines.

Estos comienzan a gestarse con la proclamación de la Segunda República en el año 1931. Es entonces cuando el Gobierno incauta estas propiedades para, a continuación, cederlas al Ayuntamiento de Madrid y así destinarlas a parque público. Algo más de 2,5 hectáreas de cotizado suelo junto al faraónico Palacio Real que hoy brindan momentos celosamente privados y románticos a innumerables parejas.

El arquitecto zaragozano Francisco García Mercadal dispuso estos jardines a varias alturas en los que destaca una gran fuente, custodiada por numerosas estatuas de reyes que originalmente iban a adornar la cornisa del Palacio Real, y elementos verdes. Cuidados parterres o arbustos milimétricamente podados haciendo formas geométricas son recorridos por senderos de tierra que invitan a ser caminados sin demasiado alboroto, con la delicadeza que la ocasión requiere.

Una virtud muy cotizada de estos jardines es que, a pesar de los cuantio-

sos grupos que se asoman por su acceso de la calle Bailén para fotografiarse con el Palacio Real de fondo, son relativamente pocos los que se deciden a bajar sus empinadas escaleras y recorrerlos. Este es un dato que juega a nuestro favor ya que siempre es posible encontrar una placentera sombra o algún punto que nos ceda privacidad y sosiego. Así, una fluida charla a los pies del imponente Palacio Real y con el rumor del agua como banda sonora, las palabras y los sentimientos brotan solos.

8. Templo de Debod

Llegamos al término de este paseo y como colofón final he querido reservar el lugar, a mi manera de entender, más hipnótico y seductor de todo Madrid. Para llegar hasta él retomaremos la calle de Bailén, siguiendo su trazado esquivaremos la plaza de España, dejándola a mano derecha y nuestros pasos se marcarán como objetivo ese frondoso montículo que se levanta en el horizonte. Allí nos espera una joya de cerca de 2200 años de antigüedad.

Idolatrado por unos, y asombrosamente ignorado por otros, el Templo de Debod es un conjunto religioso egipcio que desprende una energía única, una fuerza que ejerce un misterioso embrujo al que lo contempla con paciencia. Es imposible mostrarse indiferente a su milenario pasado y a todo cuanto representa. Ya sea con gente a su alrededor o en soledad, siempre cruzar las miradas con él resulta gratificante.

Este templo dedicado a Amón e Isis, es el único egipcio que se puede visitar en nuestro país. Llegó a España como un regalo del país africano por la ayuda prestada a salvar los templos de Nubia que corrían grave peligro de desaparecer con la construcción de la presa de Asuán. Tras un complicado y tedioso dispositivo que lo llevó desmontado por mar hasta Valencia, fue trasladado en camiones hasta Madrid. Finalmente en julio de 1972 quedó inaugurado.

Desde su llegada cambió para siempre el sino de esta zona de Madrid. Hay que recordar que la colina donde se alza, la Montaña del Príncipe Pío, estuvo en su día ocupada por el cuartel de la Montaña, escenario de cruentos enfrentamientos durante la última guerra civil. Además, en este paraje, según algunas investigaciones, tuvieron lugar los fatídicos fusilamientos del 3 de mayo inmortalizados para siempre por Francisco de Goya.

Pero, como decía, la llegada de este arrebatador elemento no tardó en reescribir la historia de esta parte de Madrid. Absorbido por el parque del Oeste, la gente no tardó mucho en descubrir la magia que desprende y, sobre todo, la espectacular puesta de sol que desde él se puede divisar, sin duda de las más hechiceras de toda la ciudad.

Hasta este lugar se acercan, día tras día, numerosas parejas con la ilusión de compartir un instante que les una para siempre. Un recuerdo de Madrid que llevarán siempre consigo. El Templo de Debod fue un regalo de Egipto a Madrid y ahora, décadas más tarde, se ha convertido en un presente de la propia ciudad para todos los que forman parte de ella y en especial para los enamorados. A su vera, nos aguarda el mejor atardecer de Madrid. El final de una cita soñada. Quizás el comienzo de algo que cambie vuestras vidas.

LOS MISTERIOS DE LA VILLA

Pza. de
Cibeles

LOS MISTERIOS DE LA VILLA

1. Ejecuciones públicas en La Latina (plaza de la Cebada)
2. Los misterios de la iglesia de San Pedro el Viejo (iglesia de San Pedro)
3. Los tristes sucesos de la calle del Sacramento (calle del Sacramento)
4. La cara más triste de la plaza Mayor (plaza Mayor)
5. El fantasma sin cabeza de la iglesia de San Ginés (calle del Arenal)
6. Siglos de misterio en el convento de la Encarnación (convento de la Encarnación)
7. El ahorcado de la calle del Álamo (calle del Álamo)
8. La casa maldita de Madrid (calle de Antonio Grilo, 3)
9. Duelos a muerte en Desengaño y la Luna (plaza de la Luna)
10. El fantasma de Elena (plaza del Rey)
11. Una cita con el más allá en la iglesia de San José (iglesia de San José)
12. Palacio de Linares ¿bulo o verdad? (Casa de América)

El visitante siempre se lleva de Madrid su imagen más amigable pero basta ahondar un poco en su historia para encontrar un buen puñado de episodios, cuando menos, inquietantes. Capítulos que hablan de ejecuciones, supuestas apariciones del más allá, crímenes sanguinarios y misterios sin resolver. Y lo más sorprendente de todo, en lugares por los que hoy podríamos pasar una y mil veces sin percatarnos mínimamente del angustioso pasado que arrastran.

Resulta sorprendente la cantidad de capítulos de este tipo que se han producido por las calles de Madrid, algunos se mantienen relativamente vivos. Otros, por el contrario, casi han caído en el saco del olvido y son pocos aquellos que los recuerdan. Por esta razón me he animado a proponer este paseo en el que trataremos de revivir algunos de estos tristes pasajes, porque, lo queramos o no, estos relatos y leyendas también forman parte de Madrid.

Estoy convencido de que después de realizar este itinerario ya no volverás a mirar la ciudad con los mismos ojos, ¿te atreves a acompañarme?

1. Ejecuciones públicas en La Latina

Quizás sea por lo rápido que algunos hechos se difuminan en nuestra memoria o quizás por la encomiable capacidad camaleónica que tiene Madrid, sea como fuere, resulta llamativo cómo lugares que hace tiempo eran relativamente temidos ahora se muestran de lo más apacibles. Sitios que fueron el lienzo donde cobraron vida escenas dramáticas y de terror y que hoy se ofrecen impermeables a aquel pasado, como la plaza de la Cebada, punto de partida de este alarmante paseo.

Dentro de La Latina se ubica este recinto que tiene el beneplácito de ser una de las plazas más veteranas de Madrid. Llamada originalmente plaza del Viento, su biografía se empezó a escribir en el siglo XVI. Levantada extramuros, más allá de la puerta de Moros, fuera de la cerca que defendía la ciudad, era el punto donde los labriegos acudían a vender los cereales con los que se abastecía la Villa y Corte, por eso su nombre. Esta actividad hizo que se montasen de forma paralela puestos de verduras y otros productos, lo que acarreaba una inseparable actividad comercial. Conviene saber que aquel trasiego mercantil no fue lo único que vieron sus ojos.

Hay que mencionar que durante siglos la plaza Mayor venía siendo el escenario de múltiples ejecuciones públicas, sin embargo, hubo un momento el que se acordó que este icónico lugar dejase de ser utilizado para tales menesteres, puesto que se consideraba «demasiado céntrico». Es aquí donde entra en escena la plaza de la Cebada, ya que fue la elegida para tomar el relevo, pasando así a albergar las ejecuciones públicas.

Resulta contradictorio que lo que hoy es sinónimo de ocio y diversión, antaño fuese un escenario en el que se vivieron escenas de enorme dolor. Así lo fue durante buena parte del siglo XIX pues este lugar era lo último que veían de Madrid los reos condenados a muerte. En ella los presos se despedían de este mundo de dos maneras diferentes, o bien en la horca o bien en el garrote vil. Personajes de renombre en la historia de la ciudad tuvieron la «suerte» de probarlos.

Un 7 de noviembre de 1823 era ahorcado aquí el general Rafael de Riego, de aquel dramático capítulo hablaba así el cronista Mesonero Romanos: «En la época fernandina morían allí por el crimen de sus ideales los reos políticos y en esta plaza fue ajusticiado Riego, llevado infamemente al patíbulo en un serón, entre el soez griterío de las masas, que le injuriaban con el mismo entusiasmo que habían puesto en aclamarle». Al parecer, Riego mostró un abatimiento fuera de lo normal mientras accedía al patíbulo en la antesala de su muerte. Uno últimos instantes de vida agónicos que poco tuvieron que ver con la actitud que mostró otro de los aquí ejecutados, Luis Candelas.

El famoso bandolero, cuyos crímenes exentos de sangre y triquiñuelas aún se recuerdan, también fue ejecutado en este paraje aunque mediante el garrote vil. Su ejecución tuvo lugar un 6 de noviembre de 1837. Sin embargo, el criminal afrontó con más entereza su suerte e incluso lanzó unas últimas palabras al vuelo antes de morir: «Adiós patria mía, sé feliz».

La próxima vez que paséis por esta zona lanzad una mirada y un pensamiento a este amargo pasado. En este recinto, ahora vallado, donde hoy resuenan risas y conversaciones joviales hace tiempo revoloteaban alaridos, gritos desesperados y frases de clemencia, todos con un sentido común, la muerte.

2. Los misterios de la iglesia de San Pedro el Viejo

Dejamos atrás el duro recuerdo de aquella gris plaza de la Cebada para tomar un breve camino que nos llevará hasta el segundo templo más antiguo de la capital, de los que siguen en pie claro. Su nombre oficial es iglesia de San Pedro el Real aunque todo el mundo la conoce como San Pedro el Viejo.

Precisamente esta denominación hace referencia a su longevidad y es que ella aparece ya citada en el Fuero de Madrid, un documento fechado en el año 1202, quedando solo superada por el templo de San Nicolás de los Servitas. Como os podéis suponer, tantos siglos a sus espaldas dan para un buen filón de historias y leyendas que ahora pasamos a desvelar.

El primer relato tiene que ver con su torre mudéjar del siglo XIV, un elemento sencillo y austero, construido con ladrillo y que alcanza los 30 metros de altura. Es en su parte superior donde se dejan ver sus campanas, protagonistas del primer suceso inexplicable de cuantos vamos a conocer. Según narra la tradición, cuando se intentó subir la primera campana era tan grande y pesada que ni entre todos los hombres aunando sus esfuerzos pudieron con ella. De esta forma, tras varios intentos fallidos, decidieron dejarla junto a la entrada con la intención de volver al día siguiente, ya con más efectivos.

La sorpresa fue mayúscula cuando llegaron la mañana siguiente a primera hora y vieron que la campana se encontraba en lo alto del campanario. Por arte de magia había sido colocada sin que nadie pudiera dar una explicación, pero aquí no termina su misterio.

También se decía que esta campana en ocasiones sonaba sola, sin que nadie tocase sus cuerdas, augurando malos momentos o tragedias, por lo que entre la Villa y Corte se las empezó a mirar con un especial recato y pronto, al repicar de la misma, la gente exclamaba el ya conocido: «¡Corred, que tocan las campanas de San Pedro!». Su sonido y movimiento era percibido como una señal de alarma ante una inminente desgracia y la gente buscaba ponerse a cubierto de forma desesperada. Hay que decir que esta gran y misteriosa campana quebró en 1565 y de ella se fundieron dos más pequeñas, por lo que dejó de sonar para siempre y, por consiguiente, de atemorizar a los vecinos.

Pero este no es el único misterio que esconde esta pequeña pero venerable parroquia. En el siglo XVI, se produjo el derrumbe de uno de los muros de la sacristía. Después del estruendo y de la consiguiente polvareda que levantó la caída, ante la sorpresa de todos, apareció el cuerpo inerte de un caballero con peto y espaldar acompañado de un fuerte y nauseabundo olor que inundó el templo durante varios días.

Aun así, el cadáver permaneció un breve tiempo expuesto y después se volvió a emparedar sin que sepamos nada sobre su identidad. Solo que debió de ser una persona importante, por la vestimenta, las armas que llevaba y la posición en la que fue encontrado el cuerpo. Lo más peliagudo del tema es que este personaje anónimo sigue emparedado en la actualidad en el mismo sitio aunque se desconoce su situación exacta.

Es el momento de despedirse de esta humilde iglesia, de apariencia inocente y de poner rumbo a uno de los ejes centrales de esta ruta, pronto sabréis el porqué.

3. Los tristes sucesos de la calle del Sacramento

Si hay una calle con un pasado tenebroso y oscuro esa es la calle del Sacramento, que junto a la desdichada calle de Antonio Grilo, por la que transitaremos más tarde, conforman a mi parecer el binomio más maldito de la ciudad. Vías que por algún motivo abarcan sucesos de difícil explicación y a las que les persigue una negra y prolongada sombra.

Desde nuestra anterior ubicación a esta llegaremos en un suspiro, tan sencillo como cruzar a la otra orilla de la calle de Segovia y ascender por la empinada calle del Doctor Letamendi. En un abrir y cerrar de ojos habremos alcanzado nuestro destino. Por la calle del Sacramento deambulan, a falta de una, tres leyendas que hacen que cada vez que pase por ella mis pensamientos se turben e incluso me hagan dudar de sus intenciones.

Si avanzamos unos pasos, veremos una explanada con una cascada y un aparcamiento subterráneo. En ese enclave estuvo, hasta 1972, la casa donde se produjo el siguiente relato. Vivían aquí dos ancianas que pasaban los días rodeadas de gatos, mininos abandonados que recogían de la calle y rápidamente adoptaban como hijos. Las ancianas de aspecto desaliñado un día dejaron de salir a la calle y de hacer su rutina, su ausencia continuada no tardó en levantar las sospechas de los vecinos.

Al tiempo, un desagradable olor procedente del interior de la vivienda hizo que se diera parte a la Justicia. Cuando un alguacil abrió la puerta de una patada se encontró con una imagen dantesca. Los cuerpos de ambas ancianas, en avanzado estado de putrefacción, yacían en parte devorados por los gatos que, hambrientos, habían optado por comenzar a comerse a sus antiguas dueñas.

Muchos años antes se produjo en el mismo edificio otro aterrador suceso. Según ha llegado hasta nuestros días, aquí vivía una pareja musulmana. Una dualidad rota por la existencia de un

amante cristiano que de vez en cuando se dejaba caer para visitar a la chica, de extrema belleza. Un amor furtivo que se quebró de repente, cuando el cristiano dejó de acudir a sus apasionadas citas sin previo aviso. Ella sufrió en silencio dicha ausencia, sin sospechar lo que averiguaría tiempo más tarde.

Cuando su marido falleció, la ahora viuda se animó a realizar unas reformas en la casa y descubrió, horrorizada, el cadáver de su desaparecido amante emparedado tras uno de los muros, en la misma casa donde habían llevado en secreto su amor. Él estaba mucho más cerca de lo que ella jamás hubiese pensado aunque, lamentablemente, ya muerto. Al parecer había resultado sorprendido en alguna de sus idas y venidas por el furioso esposo quien no tuvo piedad de su pasional enemigo.

A partir de ese momento, la mujer decidió convertirse al cristianismo y mandó colocar en el tejado una cruz de palo, para que todos fuesen testigos de su cambio de fe, motivo por el que ese inmueble fue conocido durante mucho tiempo como la Casa de la Cruz de Palo.

Por si fuese poco, en el número 12 de esta calle encontramos otra misteriosa anécdota, acontecida durante el reinado de Carlos IV, en el siglo XVIII. A la Guardia de Corps perteneció un oficial llamado Juan Echenique, conocido por su fama de conquistador y cortejador. Una noche caminando por esta calle hacia el Palacio Real, donde le tocaba hacer el cambio de guardia, escuchó cómo alguien le chistaba desde un balcón. Echenique distinguió asomada la silueta de una bella mujer que le hacía

gestos claros para que subiese a su casa. Una invitación que en ningún momento se planteó rechazar.

Aquel apasionado y misterioso encuentro se vio interrumpido por el repique de unas campanas procedentes de una iglesia cercana, un sonido de alarma que recordó a Echenique que era el momento de ir al palacio a cumplir con su cometido. Se vistió de forma atropellada y abandonó la alcoba donde había permanecido un largo rato aunque, a decir verdad, había perdido la noción del tiempo. Estando ya de camino, el militar se dio cuenta de que había olvidado el sable en el interior de la casa así que volvió sobre sus pasos hasta encontrarse de bruces con una desagradable sorpresa.

El inmueble donde había permanecido las últimas horas presentaba ahora un aspecto viejo y destartalado, como de llevar un buen puñado de años cerrado. Echenique preguntó a un vecino por la hermosa mujer que vivía en la casa y este le respondió que llevaba muchos años muerta. Nuestro protagonista no podía dar crédito a lo que oía y, sobre todo, a lo que veían sus ojos… abrió la puerta de un empujón y subió las escaleras como alma que lleva el diablo. Al llegar al dormitorio encontró, cubierta de telarañas, su espada.

Corrió asustado hasta la próxima iglesia de San Justo tratando de encontrar un esclarecimiento, terrenal o divino de lo que acababa de vivir. Entró en el templo y rezó pidiendo perdón a Dios. Acongojado entendió que aquello era una lección divina por su pasado pendenciero. A partir de aquel extraño suceso abandonó su vida anterior y con ello su fama de donjuán y jugador e ingresó en un convento, alejado, para siempre, de las tentaciones que tanto le atraían y de su vida frívola.

4. La cara más triste de la plaza Mayor

Antes hablábamos de lo rápido que ha olvidado la plaza de la Cebada su lado más oscuro pero algo idéntico es lo que ha sabido hacer la plaza Mayor. Hoy vive repleta (cuando el tiempo lo permite) de terrazas que la hacen un foco continuo de turismo. Siglos atrás fue escenario de variados eventos como corridas de toros, mercados, beatificaciones de santos y, lo que nos interesa en este caso, ejecuciones públicas.

Se trata del corazón del actual Madrid, un terreno que en su origen era una laguna y que con el paso del tiempo se ha convertido en uno de los puntos más queridos y admirados de la ciudad. Con el caer de los siglos ha recibido distintos nombres como plaza del Arrabal, plaza Real, plaza de la Constitución o plaza de la República. Los reos eran transportados desde la cárcel de la Corte (hoy Ministerio de Exterior), en la plaza de la Santa Cruz a través de un triste viaje sin retorno que deseaban nunca llegase a su destino.

Es curioso que las ejecuciones, que se empezaron a llevar a cabo aquí en el siglo XVII, se celebraban en un punto o en otro de la plaza según el tipo de castigo. Si el reo era un noble la pena de muerte era por degollamiento haciéndose junto a la Casa de la Panadería. Si el reo era un delincuente de clase baja era condenado a morir por garrote vil enfrente de la Casa de la Carnicería. Por su parte, la horca se montaba delante del denominado Portal de Paños. En 1805 se trasladan las ejecuciones

públicas a la plaza de la Cebada aunque durante la ocupación francesa, de nuevo se reubicaron en este céntrico lugar.

Uno de los días más negros en este aspecto se vivió en 1648 cuando fueron ejecutados unos 80 presos acusados de practicar el judaísmo, debido al elevado número de reos el dantesco espectáculo se prolongó durante cerca de doce horas. No obstante, al público de Madrid parecía gustarle bastante estas ejecuciones y era uno de los grandes espectáculos públicos de la capital.

El recuerdo de estos capítulos sigue aún muy vivo en la plaza y se puede notar si nos fijamos en un inocente detalle. En las farolas encargadas de iluminar el recinto por las noches, si miramos con detenimiento, en su base apreciamos unos bajorrelieves que narran algunos de los acontecimientos vividos en este lugar. Por supuesto, aparecen estas ejecuciones acompañadas de la palabra «Ajusticiamiento».

Desde luego, cuesta un mundo creer y hacerse a la idea de que lo que hoy es un lugar amigable y alegre fuese escenario de tan grandes atrocidades. Por fortuna, de aquello, ahora solo nos quedan estas placas casi invisibles para el peatón de a pie, como quien busca esconder sus vergüenzas de la manera más discreta posible.

5. El fantasma sin cabeza de la iglesia de San Ginés

Algo deben de tener las iglesias para que muchos de los capítulos más delicados de las ciudades estén tan íntimamente ligados a ellas. Puede que sea por su aire místico o por el enorme trasiego de almas que acumularon en un pasado pero la conclusión es que siempre han dado mucho que hablar. Nuestra siguiente parada será en la iglesia de San Ginés, uno de los templos más antiguos de Madrid.

Si atravesamos la calle Mayor y descendemos por la calle de Bordadores aparecemos en el lateral de esta armoniosa construcción. Una zona peatonal prácticamente atiborrada de gente a todas horas por su carácter comercial. Sin embargo, este perímetro hace siglos fue temido y esquivado ya que por él, al parecer, transitaba un furioso viandante venido del más allá, un fantasma sin cabeza.

Cuenta la leyenda que esta iglesia fue morada de uno de los espectros más perversos de la ciudad. Para conocerlo, nos remontamos a un año muy concreto, el 1353, siendo rey Pedro I, cuando unos ladrones entraron al templo para saquear sus joyas y cálices, pero no repararon en la presencia de un anciano que se encontraba rezando. Los malhechores decidieron terminar con su vida de una forma cruel, cercenándole la cabeza, para asegurarse de que jamás les delataría por su vil hurto en la misma casa de Dios.

La consternación y terror por el peliagudo suceso dio un paso más cuando

días después, al atardecer, una sombra casi humana, decapitada, se dejó ver a la puerta del templo. Una aparición que, ante el asombro de los vecinos, se repitió en los días sucesivos. La visita del más allá se produjo de forma infatigable hasta que terminó por revelar la identidad de sus asesinos, quienes fueron castigados con la muerte al ser arrojados a un barranco. Solo así, cuando vio saciada su sed de venganza, el ánima del anciano encontró su descanso eterno.

Hasta ahora hemos acudido a parajes que nos evocan historias pasadas y que se han ido conservando gracias a la transmisión oral. Ahora ha llegado el momento de dirigirnos a un punto donde en la actualidad, y ante la vista de todos, se sigue produciendo un extraño fenómeno que nadie ha acertado a explicar.

6. Siglos de misterio en el convento de la Encarnación

Toca de nuevo ponerse en marcha, siguiendo el trazo de la calle del Arenal en dirección a la Ópera, cuya planta en forma de ataúd fue definida como «la planta más ingrata» que se pudo elegir para un edificio de su clase y estilo. Atravesado este, llegaremos a la majestuosa plaza de Oriente que nos regala una de las postales más solemnes de cuantas proporciona Madrid. A mano derecha, silencioso y parapetado tras unos árboles, nos espía el monasterio de la Encarnación. Él es nuestro destino.

Fundado por la reina Margarita de Austria, quien fuera esposa de Felipe III, a inicios del siglo XVIII cuenta con un patrimonio excepcional que lo hacen una de las visitas más recomendables de la ciudad. Sin embargo, de toda su amplia colección vamos a quedarnos con un objeto casi único en el mundo y que, año tras año, provoca la llegada masiva de miles de fieles. Se trata de una ampolla que contiene unas gotas de sangre de san Pantaleón y que cada 27 de julio, coincidiendo con la festividad del santo, sufre una curiosa metamorfosis.

Antes de entrar en materia diremos que san Pantaleón nació en la actual Turquía a finales del siglo III y fue perseguido y martirizado por abrazar la fe cristiana. Decapitado el 27 de julio del año 305, cuenta la tradición que varios fieles recogieron con algodones la sangre del santo y la guardaron en ampollas que terminaron repartidas por toda Europa como Grecia, Macedonia o Italia. Precisamente desde el país transalpino llegó la reliquia a Madrid, cuando el virrey de Nápoles en 1611 la mandó como regalo.

Pronto, el presente comenzó a provocar muchos comentarios por el suceso que se producía, y produce, en relación a su contenido. Se da la circunstancia que durante todo el año permanece en estado sólido y con una tonalidad oscura, sin embargo, horas antes de que

llegue el 27 de julio, y a la vista de la gente se inicia un proceso por el que la sangre se vuelve líquida y adquiere un color más brillante. Un prodigio que se puede admirar, cara a cara, y que dura unas 48 horas que es cuando la sangre se vuelve a solidificar.

Este fenómeno inverosímil hoy está más que aceptado pero en el siglo XVIII la Inquisición quiso ahondar sobre el tema. Por este motivo envió a diferentes testigos durante siete años consecutivos, entre 1723 y 1730, para que diesen fe de que lo que allí ocurría no tenía nada que ver con la intervención o manipulación humana. Finalmente, todas estas personas, de la confianza del Santo Oficio pudieron dar constancia del milagro, y de este modo quedó reflejado en un documento titulado *Información sobre la licuación de la sangre del gloriosos mártir de san Pantaleón*, fechado en el 30 de agosto de 1730 y que aún conservan en el monasterio.

La tímida y calmada vida de este monasterio que aún habitan unas pocas monjas agustinas recoletas se ve interrumpida cada 27 de julio. Es entonces cuando miles de personas desfilan por su iglesia y se agolpan en su acceso para apreciar en primera persona este misterio inexplicable que, puntual, acude a su cita con el calendario en el corazón de Madrid. Y mejor que siga siendo así ya que las contadas excepciones que no se ha producido se rumorea que siempre ha sido para vaticinar algún tipo de desgracia.

7. El ahorcado de la calle del Álamo

Aprovecharemos el próximo trayecto para tratar de encontrar un motivo lógico de lo que acabamos de conocer, un trayecto que nos guiará hasta el barrio de Maravillas. En esta ocasión le toca el turno a una vía sin demasiada fama, casi anónima, a la que le persigue una leyenda digna de ser escuchada, la calle del Álamo.

En Malasaña, en el interior de ese ángulo agudo que forman la Gran Vía y San Bernardo habita una amalgama de angostas callejuelas marcadas por desafiantes pendientes. Una de ellas, la calle del Álamo, resulta especialmente discreta. Va desde la plaza de los Mostenses hasta fundirse con Amaniel y, siendo sinceros, resulta poco agraciada estéticamente.

Para encontrar una explicación a tan botánico nombre hay que echar la vista atrás hasta el siglo XVII, cuando esta zona, hoy cubierta de edificios y asfalto, la dominaban unos hermosos jardines propiedad de don García de Barrionuevo, persona influyente de la época. Dentro de este terreno verde una parte estaba habitada por numerosos álamos, árboles que corrieron una vida tranquila y sosegada hasta que la zona, al tiempo, cambió de dueño.

De la noche a la mañana, el nuevo propietario mandó la tala de los álamos pero, sin motivo aparente, se dejó uno en pie. A los días, de una de las ramas de este único superviviente, apareció ahorcado un hombre. Como el triste y sorprendente suceso llegó bien entrada la noche, según narra la tradición, se optó por descolgar al fallecido a la mañana siguiente, cuando ya estuviesen presentes las autoridades pertinentes.

La sorpresa fue mayúscula cuando al alba se acercaron hasta el álamo los encargados municipales, los sepulture-

ros, los alguaciles y el juez y no había ni rastro del ahorcado. Ni la más remota señal de la persona que horas antes colgaba inerte de la rama, tan solo, la gruesa cuerda que se balanceaba tímidamente, como si hubiese sido manipulada hacía escasos segundos. Este inexplicable suceso hizo que la calle estuviese durante una buena época en boca de todos, momento en el cual quedó bautizada para siempre como la calle del Álamo.

8. La casa maldita de Madrid

Con el recuerdo de aquel misterioso ahorcado y su leyenda nos trasladamos a la que muchos definen como la «casa maldita» de Madrid aunque, lamentablemente este duro calificativo bien podría aplicarse a la vía entera. Lo cierto es que la biografía de la calle de Antonio Grilo se puede trazar a base de sus recaídas constantes en las crónicas más negras y en las páginas de sucesos. Lamentables episodios que giran en torno a uno de los crímenes más sanguinarios de cuantos contemplaron los ojos de Madrid.

Antes de pasar a desgranar parte de lo sucedido, realmente son tantas las desgracias aquí acontecidas que se ne-

cesitaría un libro entero, quiero relatar mi propia experiencia en esta lugar. A decir verdad, ya había leído en numerosas ocasiones parte de los macabros capítulos aquí vividos cuando un día, callejeando sin rumbo, terminé en una callejuela pegada a San Bernardo. No tenía más de 50 metros de largo, apenas un par de negocios regentados por asiáticos y una atmósfera bastante sórdida fue lo que me encontré en este intranquilo paseo.

Admito que pocas veces andando por Madrid he percibido esa sensación tan inquietante. Oscura y astrosa busqué salir de ella tan pronto como pude ya que no me inspiraba ningún tipo de confianza. Antes de despedirme de ella quise saber su nombre y alcé la mirada buscando una placa que me rescatase de mi ignorancia. Cuando leí «Calle de Antonio Grilo», no me lo podía creer. La calle más infausta de Madrid me había recibido como solo ella sabe.

Repito, aquella fue mi percepción de la calle y la tuve sin saber de qué lugar se trataba, algo así como una cata a ciegas ¿casualidad? Realmente, no lo creo. A mi modo de entender, resulta obvio que los sucesos truculentos allí vividos hayan dejado un enorme poso de energías negativas que aún se sienten. Al fin y al cabo, las ciudades son entes vivos que nos transmiten, a su modo, lo vivido en ellas. Este aire de desasosiego se percibe, especialmente en el número tres, donde se han producido hasta nueve trágicas muertes. Os presento a la «casa maldita» de Madrid.

El primero de los crímenes tuvo lugar en noviembre de 1945 cuando apareció asesinado en su domicilio un camisero llamado Felipe de la Braña, de 48 años. Su cuerpo, con la cabeza ensangrentada, fue encontrado varios días después de morir y cuando se descubrió se observó que en una de las manos aún sujetaba un mechón de pelo de su supuesto homicida. Una señal inequívoca del forcejeo previo que lo llevó a la muerte. Según las investigaciones, todo se debió a que fue víctima de un robo y en el transcurso de la refriega resultó golpeado con una porra o martillo que terminó con su vida.

Esto sucedía en el piso principal mientras que en la primera planta, casi veinte años más tarde, en abril de 1964,

una madre soltera optó por estrangular a su recién nacido para así ocultar que se había quedado embarazada. Una vez cometida la tropelía, Pilar Agustín que así se llamaba la chica, envolvió el cuerpo inerte del bebé en una toalla y lo guardó en el cajón de una cómoda como si nada hubiese sucedido. El caso salió a la luz cuando la propia hermana de Pilar encontró el cadáver del neonato a los pocos días.

Pero, sin duda, para revivir el momento más atroz de todos toca viajar a la primera hora del remoto 1 de mayo de 1962. Cuando Madrid todavía se andaba desperezando, en el piso 3.º D nada hacía presagiar la despiadada acción que un padre de familia iba a llevar a cabo contra todos los miembros de su clan. En total seis asesinatos y un suicidio que conmocionaron a la sociedad madrileña y de todo el país.

Un martillo, un cuchillo y una pistola. Estas fueron las armas con las que José María Ruiz, de 44 años y sastre de profesión, sesgó la vida de su mujer y sus cinco hijos. Aparentemente un tipo normal que, enajenado, cometió una masacre en el interior de su propia vivienda. Su primera medida fue enviar a la empleada doméstica, una tal Juana García, a por medicinas a una farmacia. Una vez logró que se ausentase del hogar, pudo ejecutar su sanguinario plan. Uno a uno fue degollando a varios de sus vástagos que aún dormían. Solo la mayor, de 14 años, se despertó y al ver horrorizada lo que estaba sucediendo trató de ponerse a salvo en el baño. Tampoco logró su objetivo puesto que fue encontrada con un tiro en la garganta. Por su parte, a su esposa le había reservado previamente una monstruosa muerte a martillazos.

Lo más esperpéntico de todo fue que, durante todo este capítulo, José María se iba asomando al balcón, con su pijama repleto de manchas de sangre, y exhibiendo los cuerpos sin vida y mutilados de sus criaturas exclamaba: «¡Los he matado a todos!». La gente formaba grupos a pie de calle mientras observaba incrédula la escena dantesca que se daba ante sus ojos.

Cuando llegó la policía el asesino exigió la llegada de un cura carmelita, requisito que le proporcionaron sin demora. José María estuvo hablando, de balcón a balcón con el sacerdote y le pidió que le diese la extremaunción previa a su inminente suicidio pero este se negó ya que esta no se puede dar a los suicidas. Después de un breve diálogo el padre de familia volvió a entrar al domicilio y fue entonces cuando sonó un último disparo. El asesino múltiple no murió en el acto pero su destino estaba ya escrito y falleció a las horas en el hospital. En apenas unas horas su locura se había llevado por delante siete vidas.

Nunca quedó claro el motivo que originó esta masacre aunque algunas voces apuntan que el padre estaba agobiado y preocupado hasta el extremo por unas obras de una finca que la familia se estaba construyendo en un terreno de Villalba; que aquellos trabajos le hicieron perder la cabeza hasta unos límites insospechados, lo que motivó la masacre. Sin duda, un horripilante final para una familia hasta entonces modélica y que incluso, días antes, había disfrutado de una apacible jornada de cine.

Lo peor de todo es que aquí no termina el listado de tristes sucesos, hay que seguir añadiendo capítulos de suicidios, violentos ajustes de cuentas, atropellos, navajazos e incluso un degollamiento a pie de calle acontecido en 1915. ¿Todavía no os queda claro por qué estamos ante la calle más trágica de Madrid?

9. Duelos a muerte en Desengaño y la Luna

Imagino que todavía con un escalofrío recorriendo vuestro cuerpo toca reanudar el paseo. Es el momento de atravesar la calle de San Bernardo y rebuscar en la memoria de Madrid, en dos leyendas que hablan del origen etimológico de un par de calles, a espaldas de la Gran Vía, y ambas con un elemento común, los duelos entre caballeros.

La primera la encontramos en la calle de la Luna, tal y como nos cuenta el relato que se viene transmitiendo desde tiempos de los Reyes Católicos, hubo en este lugar una fuerte reyerta entre los partidarios de don Álvaro de Córdoba y los de don Francisco Crispi Daura, dos nobles cuyos palacios habitaban en la zona. La refriega se mantuvo en todo lo alto hasta que al caer la noche se tuvo que ver interrumpida ante la falta de luz. Sin embargo, en un momento dado,

la luna pareció abrirse espacio entre las nubes y, como si de un potente foco se tratara, alumbró la escena con claridad.

Esta situación fue aprovechada para reanudar la batalla campal de la que salió victorioso don Álvaro, quien, por la inestimable ayuda del satélite en su lucha, ordenó a un escultor que tallase una en la torre de su vivienda, que al poco fue conocido como «el Palacio de la Luna» y que por extensión motivó el nombre de la calle.

Y allí donde se inicia la calle de la Luna se funde con el tramo final de la calle del Desengaño, otra callejuela que sabe mucho de duelos y así lo hace saber en la placa que la acompaña, aunque en esta ocasión con unos tintes paranormales.

Ahora toca viajar al siglo XVI, al enfrentamiento que mantuvieron en este mismo lugar dos personajes como el caballero de Gracia y Vespasiano de Gonzaga. Ambos decidieron batirse a muerte, no por orgullo ni por algún altercado venido a más, si no por algo mucho más clásico, el amor de una mujer. Tal y como relata la leyenda, ambos contendientes mantuvieron una inten-

sa y encarnizada lucha con sus sables hasta que de pronto una presencia extraña les sedujo por completo.

Ante ellos, una enigmática figura femenina que, cubriendo su rostro con un largo velo, trataba de huir de un zorro que la perseguía. Ambos pendencieros, sin intercambiar palabra, dejaron a un lado su disputa y corrieron para auxiliar a la doncella. Cuando llegaron a su altura ella descubrió su cara y ambos contemplaron absortos su rostro momificado. Se trataba de una visita del más allá inesperada ante la cual ambos coincidieron al decir: «¡Qué desengaño!». Una decepción que aparece reflejada a la perfección en el azulejo que viste esta céntrica calle del Desengaño.

10. El fantasma de Elena

Para hacer un itinerario por el Madrid más tétrico siempre hay que pasar por la Casa de las Siete Chimeneas. Situada a escasos metros de la Gran Vía, vive enclavada en un recinto sobrado de encanto, la plaza del Rey. Hoy en día en este edificio, fácilmente reconocible por las siete chimeneas que coronan su tejado, tiene su sede el Ministerio de Cultura y parece un palacio antiguo sin más relevancia, pero no debemos dejarnos engañar por su inocente apariencia, su existencia siempre ha estado ligada a hechos oscuros y tenebrosos.

Levantada en el siglo XVI, el edificio se construyó por orden de un montero de Felipe II quien se la regaló a su hija Elena, recién casada con un capitán de la Armada española, el capitán Zapata. En esta casa la pareja fijó su residencia y vivió feliz, pero a las pocas semanas él tuvo que acudir a combatir a Flandes, a la batalla de San Quintín. Elena quedó sola en casa, desamparada, esperando noticias de su marido hasta que recibió la peor notificación posible, su esposo acabar de fallecer en el frente.

La joven viuda entró en un estado de desconsuelo máximo, sumida en la mayor de las amarguras, sin atender a razones. Loca de pena y desconsolada se convirtió en un alma errante que deambulaba por la casa hasta que un día apareció muerta, tumbada sobre la cama, eso sí, con una enigmática sonrisa dibujada en su rostro. Aparentemente había muerto por desamor pero la gente del servicio siempre mantuvo una opinión bien diferente, su ama mostraba claros signos de violencia cuando apareció muerta en su alcoba. El extraño fallecimiento de Elena pronto se convirtió en la comidilla de todo Madrid y un secreto, hasta entonces oculto, no tardó en vez la luz. Elena tenía un amante y este no era un cualquiera, se trataba ni más ni menos que del monarca regente, Felipe II.

Fue el propio rey el que encargó abrir una investigación a fondo para esclarecer las misteriosas circunstancias del suceso pero cuando las personas adecuadas llegaron a la Casa de las Siete Chimeneas para comenzar su trabajo descubrieron que el cadáver de Elena había desaparecido. Nadie lo había vis-

to salir pero tampoco estaba en su interior, ¿dónde estaba el cadáver?

Es a partir de ese momento y de esa extraña desaparición cuando se empezaron a producir una serie de extraordinarias apariciones en la casa. Fueron muchos los testigos que juraron haber visto a un espectro caminando por el alero del tejado. Una doncella vestida de blando que desfilaba con paso lento, unas veces sujetando una antorcha y otras, dándose golpes en el pecho. Un fantasma que a la vista de todos, terminaba su enigmático paseo, firme y quieto, apuntando con uno de sus brazos, de forma clara hacia el Alcázar, residencia entonces del monarca.

Con el paso del tiempo las apariciones dejaron de producirse y la historia de Elena cayó en el saco del olvido. Por el palacio pasaron muchos nobles y terratenientes hasta que en el siglo XIX, el Banco de Castilla se hace con la propiedad de este peculiar edificio. El misterio de Elena recobró importancia con un inesperado giro en la trama. Durante las obras de reforma del edificio, tras uno de los muros del sótano, unos operarios descubrieron, con estupor, el cadáver de una mujer con un puñado de monedas de oro, estas, curiosamente, de la época de Felipe II.

El fantasma de Elena es uno de los más conocidos de la Villa y Corte, un alma errante que al parecer, se dejaba ver con la única intención de aportar algo de luz sobre su muerte y sobre su extraña desaparición. ¿Se habrá dado ya por vencida? ¿Volverá a dejarse ver algún día?

11. Una cita con el más allá en la iglesia de San José

La fachada rojiza de la iglesia de San José, situada en la calle de Alcalá, n.º 43, fue el lugar de otro de esos relatos inexplicables que tuvieron como escenario Madrid. Para conocerlo toca retroceder al año 1853. Época en la que las clases más pudientes y exclusivas aprovechaban la más mínima ocasión para celebrar suntuosas fiestas.

Estamos en uno de estos eventos sociales, en concreto el que tuvo lugar en uno de los salones del Teatro de los Caños del Peral por motivo de los carnavales. Al ser una fecha tan señalada todos los invitados vestían elegantes

disfraces. Entre todos ellos deambulaba ligeramente perdido un joven diplomático extranjero que se encontraba de paso en la ciudad y que había sido invitado al festejo por alguna amistad suya de las altas esferas.

Al ser prácticamente nuevo y no conocer a nadie no tardó en apartarse un poco del epicentro de la fiesta y se sentó en una silla, dispuesto a observar el colorido panorama que tenía ante sí. Llevaba un rato absorto mirando con atención a la gente cuando llegó una dama que acaparó toda su atención. Vestía elegante y cubría su cara con un delicado antifaz de terciopelo negro. No obstante, aun así llamaba la atención la excesiva palidez de su tez. Cuando bajó la mirada se percató de que la enigmática chica portaba una rosa blanca en la mano.

Ella, como si no tuviese ojos para ningún invitado más, se dirigió de manera decidida al joven forastero y ambos intercambiaron varias frases. Un diálogo muy corto que la chica se encargó de dar por cerrado con un tajante: «Sígueme». Él, no dudó en aceptar su propuesta y juntos se lanzaron a un paseo nocturno por Madrid. Surcaron la calle Arenal, la Puerta del Sol y enfilaron la calle de Alcalá hasta llegar a la iglesia de San José. Aquí, nuestro protagonista, detuvo su paso en firme.

La misteriosa dama insistió en que le acompañase al interior pero él consideraba que no eran horas de entrar al templo. Aun así, ella le tendió su fría mano y le entregó la rosa que llevaba, en ese instante lo sujetó con firmeza y lo arrastró hasta el interior. Ambos caminaron casi a oscuras por el interior de la nave central. Ella casi tirando de él. El diplomático, cada vez estaba más angustiado y sorprendido por todo lo que le estaba sucediendo y con las piernas temblando, pero lo más desconcertante de todo aún estaba por llegar.

Finalmente llegaron a una lúgubre cripta, punto en el que nuestro protagonista ya le suplicó a la mujer que era el momento de marcharse de allí, momento en el que ella le contestó: «No puedo irme, mi sitio está aquí, tengo que volver a este lecho donde me colocaron esta misma mañana». Según terminó de pronunciar estas palabras el chico salió corriendo sin ni siquiera lanzar una última mirada atrás, con el único propósito de regresar al lugar donde estaba hospedado y olvidar lo ocurrido.

A la mañana siguiente se levantó tremendamente confundido, sin tener claro si lo vivido había sido fruto de la peor de sus pesadillas, por lo que se vistió y puso rumbo a la iglesia de San José para aclarar sus ideas. Cuando llegó a la entrada le sorprendió el número de asistentes, sin duda, se trataba de un funeral. Con paciencia se colocó en la cola de la gente que quería dar un último adiós a la persona fallecida y cuando le llegó su turno, sus peores presagios se hicieron reales. Allí en el ataúd estaba ella, la enigmática chica con la que había compartido velada la noche anterior, con su misma piel extremadamente pálida y con una corona de rosas blancas adornando su pelo. Una corona realizada con el mismo tipo de flor que él todavía portaba y que colocó con delicadeza entre las manos de la difunta.

12. Palacio de Linares ¿bulo o verdad?

Para concluir este itinerario del terror y misterio madrileño no podíamos olvidarnos del que más minutos y páginas acaparó en los medios. ¿Quién no recuerda las famosas psicofonías del palacio de Linares? Unas grabaciones que dieron la vuelta al país y que, a pe-

sar de quedar demostradas como falsas, no pudieron tapar la macabra y trágica historia que se vivió entre sus cuatro paredes.

José de Murga y Reolid y Raimunda de Osorio y Ortega, marqueses de Linares, compraron en 1874 un solar en la intersección de la calle Alcalá con el paseo de Recoletos, de más de 3000 metros cuadrados, para levantar su futura vivienda. Tras fallecer los marqueses, y ante la ausencia de descendencia, el palacio lo heredó la ahijada de estos, Raimunda. Casi un siglo más tarde, en el 1992, el edificio se reabrió como la Casa de América.

Es a comienzo de la década de los noventa, en concreto en mayo de 1990, cuando todo el tema sobre el posible encantamiento del palacio y de sus «especiales» habitantes salta a la luz. Quizás aquellas escalofriantes psicofonías abriendo los informativos de la tele son uno de los primeros recuerdos que tengo relacionados con Madrid. La noticia de unas voces procedentes del más allá, registradas por la doctora Carmen Sánchez de Castro sobrecogieron a más de uno.

Las supuestas psicofonías pronto quedaron en entredicho, se trataba de una farsa de la doctora para promocionar su libro pero, sin embargo, no podemos obviar la oscura vida que tuvieron los marqueses de Linares y la tenebrosa leyenda que se cernió siempre sobre ellos. Era un secreto a voces entre la alta sociedad madrileña que los marqueses vivían en plantas separadas, sin llevar una vida conyugal normal. Tampoco tuvieron descendencia solo a *Mundita* como cariñosamente llamaban a Raimunda, su ahijada y a la postre heredera pero ¿qué misterio ocultaban los marqueses?

Cuentan que después de haberse casado, José y Raimunda descubrieron con estupor que en realidad eran hermanos. Ella era fruto de una aventura amorosa del padre del marqués con una vendedora de tabaco de Lavapiés. El padre hizo todo lo posible porque la historia de amor no fructificara pero los amantes, desconocedores de ese dato, hicieron realidad su amor. Tras descubrirse todo el embrollo llegó la intervención de León XXIII quien les permitió vivir juntos pero en castidad.

Según contaban las malas lenguas, los marqueses no pudieron refrenar sus pasiones y tuvieron un hijo prohibido que decidieron ahogar y enterrar tras los muros del palacio.

Otras versiones decían que Mundita era realmente la hija de los marqueses pero que estos, para no dar que hablar se la entregaron a una familia cercana… la realidad de esta trágica historia es todo un misterio que nunca quedará resuelto. Más real fueron los estudios que llevaron a cabo, un año antes, un grupo de prestigiosos investigadores liderado por un cura jesuita, un año antes de que las psicofonías vieran la luz.

Hechos inexplicables como estancias a temperaturas gélidas, melodías de órgano de origen desconocido o incluso apariciones de un espectro con forma de niña correteando por el salón de baile. Una serie de hechos demostrados que dejaron clara la existencia de sucesos paranormales en el ya para siempre inquietante palacio de Linares.

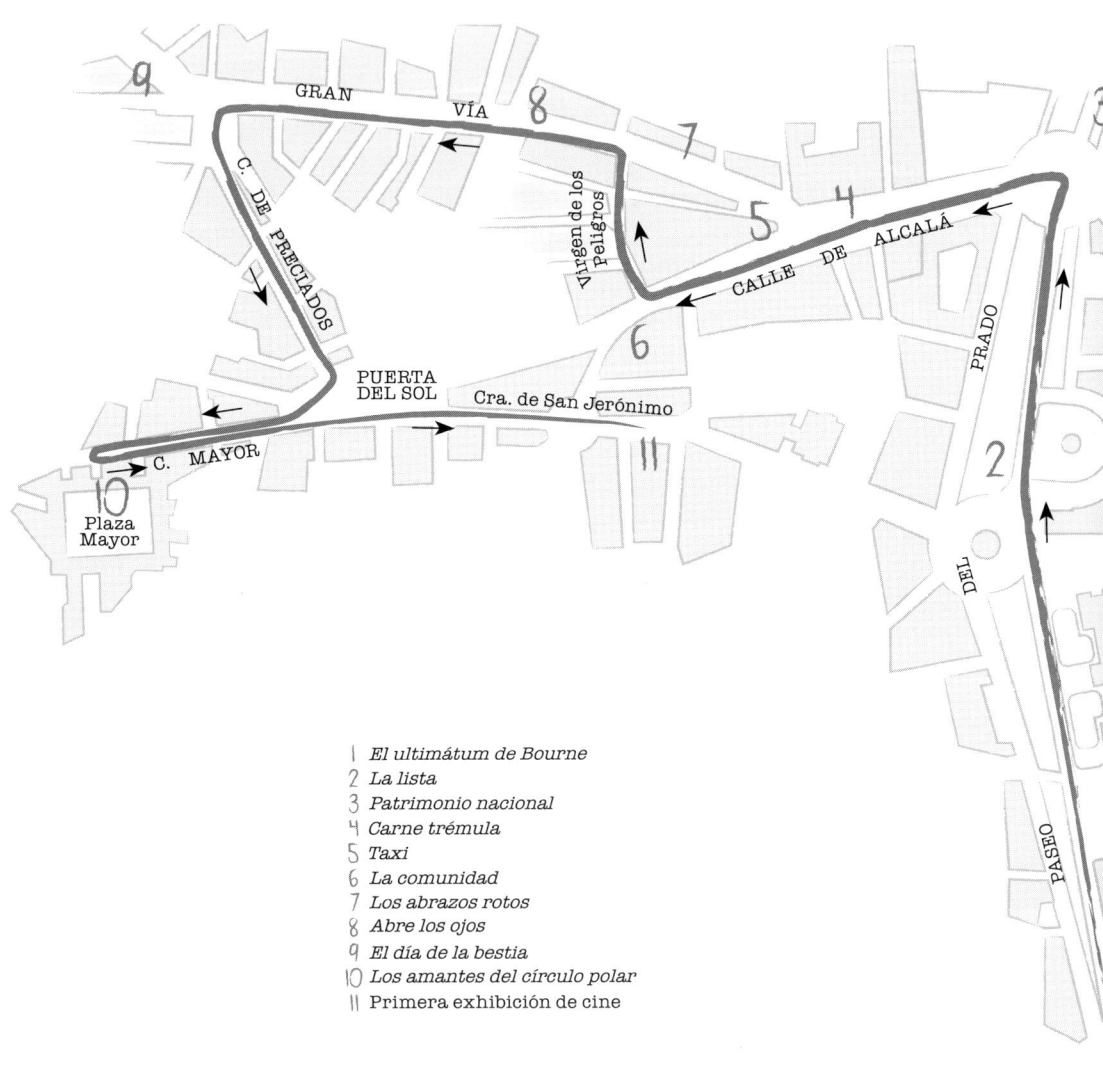

GRAN VÍA

C. DE PRECIADOS

Virgen de los Peligros

CALLE DE ALCALÁ

PRADO

PUERTA DEL SOL

Cra. de San Jerónimo

C. MAYOR

Plaza Mayor

DEL

PASEO

UN MADRID DE CINE

UN MADRID DE CINE

1. *El ultimátum de Bourne* (estación de Atocha)
2. *La lista* (paseo del Prado)
3. *Patrimonio nacional* (la Casa de América)
4. *Carne trémula* (alrededores de Cibeles)
5. *Taxi* (Edificio Metrópolis)
6. *La comunidad* (antigua sede del Banco de Bilbao)
7. *Los abrazos rotos* (Bar Museo Chicote)
8. *Abre los ojos* (Gran Vía)
9. *El día de la bestia* (Edificio Capitol)
10. *Los amantes del círculo polar* (la plaza Mayor)
11. Primera exhibición de cine (carrera de San Jerónimo, 32)

La magia del cine ha sido incapaz de resistirse a los encantos de Madrid. Desde superproducciones de Hollywood hasta cintas que ya podemos considerar verdaderos clásicos del séptimo arte patrio. Han sido muchas las películas que por un motivo u otro han querido dejar su sello en la capital, y viceversa.

Muchas veces, caminando por sus grandes avenidas he tenido la sensación de sentirme el protagonista de uno de estos films, especialmente al cruzarme con algunos de estos escenarios que ya forman parte de nuestras vidas como el letrero de Schweppes del Edificio Carrión. Precisamente, mi primera aproximación a Madrid se hizo a través de la gran pantalla, con algunas de las películas que aquí repasaremos como, por ejemplo, *Abre los ojos*.

Unos viajes entre sus calles que por suerte, años más tarde, he podido realizar en la vida real. Siempre, mientras me perdía sin rumbo por sus calles, tenía la sensación de estar surcando un descomunal decorado que me recibía con los brazos abiertos. Ahora entenderéis el porqué.

1. *El ultimátum de Bourne* (2008)

Me ha parecido oportuno iniciar este paseo por uno de los escenarios de cine de los que puede presumir Madrid: la estación de Atocha, ya que ella es en muchas ocasiones el punto de partida de numerosos viajes y andanzas. Acostumbrada al vaivén continuo de personas, entre los muchos pasajeros que ha visto transitarla, para esta ocasión nos quedaremos con toda una superestrella como Matt Damon y fue en la película *El ultimátum de Bourne* (2008).

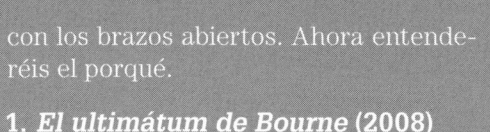

En esta superproducción, la tercera de la saga tras *El caso Bourne* (2002) y *El mito de Bourne* (2004), el espía sin memoria Jason Bourne continúa su periplo por el mundo, huyendo de peligros y en busca de respuestas que le aclaren su enigmática identidad. Un arriesgado viaje que también le llevará por diversas capitales europeas como Londres, Moscú o la propia Madrid.

Para el rodaje de las secuencias, Damon estuvo dos veces en la capital de España, una primera en noviembre de 2006 y la última en mayo de 2007. La segunda ya acudió acompañado de un equipo de más de 150 personas, es lo que tienen las superproducciones de Hollywood, que movilizan a grandes contingentes de personas. Un dispositivo que solo se pueden permitir proyectos de enormes presupuestos, en este caso, hablamos de una cifra por encima de los 110 millones de dólares.

En la película, un *thriller* de acción, la trama también hará que aparezcan otros puntos de Madrid como el viaducto de la calle Bailén, la plaza de Canalejas, la Castellana o la calle de Miguel Ángel y algunos elementos tan genuinos de Madrid como sus taxis. Un film emocionante que tuvo una gran acogida por el público en general y por la crítica, de hecho, se alzó con importantes galardones, incluyendo tres premios Óscar, al mejor sonido, a la mejor edición de sonido y al mejor montaje. Madrid aportó su granito de arena a todo aquello.

Durante la trilogía, el espía amnésico debido al incesante número de viajes que tiene que realizar, acumula pasos por variadas estaciones de tren y en este repertorio no podía faltar la exótica estación de Atocha, con su jardín tropical. Ahora, emulando a Bourne, con sigilo y paso acelerado, y asegurándonos de que nadie nos siga, es el momento de encaminarnos hacia la próxima localización.

2. *La lista* (2008)

El paseo del Prado, esa porción de Madrid que Carlos III impulsó y lavó la cara para que fuese un perenne homenaje a las artes y las ciencias, también sabe lo que es participar en el cine. Además, lo hizo en otra producción americana aunque relativamente más modesta que la anterior. En este caso en *La lis-*

ta (2008), una cinta que contó con un presupuesto de 20 millones de dólares.

En esta obra, que gozó de un interesante reparto encabezado por Hugh Jackman y Ewan McGregor, se nos relata la historia de un gris auditor. Un personaje cuya vida sufre un giro inesperado tras conocer a un misterioso abogado que lo introduce en un hermético club sexual llamado The List, lo que hace que su hasta entonces tranquila existencia sufra un vuelco radical. El desenlace de este *thriller* de suspense tiene lugar en Madrid, donde protagonista y antagonista se vuelven a ver las caras tras varios desencuentros.

Si la escena clave de la obra tiene como escenario el paseo del Prado, no menos importante es la acción que se desarrolla en el Instituto Cervantes, en la calle de Alcalá. Su impresionante fachada custodiada por cuatro majestuosas cariátides y el interior del edificio fueron el espacio que el director Marcel Langenegger escogió para situar el imaginario Banco Nacional de San Sebastián.

No deja de ser curioso ver en la pantalla a grandes estrellas del celuloide como Jackman o McGregor transitando por esos mismos lugares por los que uno tantas veces ha paseado. El Edificio Metrópolis, la plaza del Rey o la plaza Mayor también acaparan sus fugaces segundos de gloria en una película interesante, de intriga y giros, cuya resolución se localiza en varios puntos que a muchos os resultarán familiares.

3. *Patrimonio nacional* (1981)

Abandonamos en este momento las incursiones de Madrid en las producciones americanas y lo hacemos para centrarnos en el producto nacional. Para ello aceptaremos la agradable caminata que nos propone el paseo del Prado y avanzaremos hasta llegar a la plaza de Cibeles. En una de sus esquinas se levanta la actual Casa de América. Una institución que tiene su sede en el afamado palacio de Linares. Un espacio ligado a las historias de fantasmas y sucesos paranormales pero que también se encuentra estrechamente unido al cine.

Este impresionante inmueble terminado de construir en 1900 fue el espacio elegido por el director Luis García Berlanga en su película *Patrimonio nacional* (1981) para recrear el palacio del marqués de Leguineche. En este film, el segundo de la trilogía a la que también pertenecen *La escopeta nacional* y *Nacional III*, Berlanga nos presenta una hilarante comedia en la que hace una ácida crítica de la sociedad española de la época.

En la trama de la comedia, la familia Leguineche acepta volver a vivir en Madrid tras haber vivido en una finca de campo durante el régimen franquista. Con la llegada de la monarquía este clan de dudosos valores regresa a la capital con la intención de estrechar lazos con el nuevo régimen en busca de su propio beneficio. Una complicada misión que les traerá más embrollos de los esperados.

La elección del elegante palacio de Linares como residencia de los Leguineche se debió a que en aquel momento todavía no estaba restaurado, lo que le daba un aspecto decadente y de viejo esplendor en pantalla que es lo que precisamente buscaba Berlanga. La película se estrenó en Madrid el 30 de marzo de 1981 y, aún hoy, su visionado es una oportunidad casi única para conocer el interior de este edificio tan representativo y bonito de Madrid.

4. *Carne trémula* (1997)

Después de apartar la mirada de la Casa de América es el momento de otear a izquierda y derecha. A un lado, los destellos dorados de la cúpula del Edificio Metrópolis nos muestran el camino hacia el Madrid más reconocido, al otro, la Puerta de Alcalá mantiene en todo lo alto su pulso contra la caída del tiempo. Resulta que estos dos puntos marcan parte del trayecto que se le muestra al espectador en la primera escena de *Carne trémula* (1997).

La cinta de Pedro Almodóvar comienza con un ritmo trepidante, con una madre primeriza y soltera (Penélope Cruz) dando a luz en el interior de un autobús vacío de la EMT con la ayuda de su casera (Pilar Bardem). Paradojas de la vida, ambas actrices han acabado, años después, siendo familia en la vida real. El inoportuno parto se produce bajo la complicidad de la noche de la ciudad. Una secuencia que tiene como consecuencia el nacimiento del protagonista del film, Víctor, interpretado por Liberto Rabal. Curiosamente, las primeras palabras que escucha al llegar al mundo, mientras pasa junto a la fuente de Cibeles, son: «Mira, Madrid».

Carne trémula es una de las mejores obras del director manchego. En ella, se entrelazan las pasiones, venganzas y deseos de tres hombres (Javier Bardem, Pepe Sancho y el propio Liberto Rabal) y de dos mujeres (Ángela Molina y Francesca Neri). Personajes perfectamente dibujados que forman un quinteto donde los sentimientos e instintos más básicos no atienden a razones.

Este drama ubica buena dosis de su acción en el barrio de La Ventilla, en Tetuán, que en el momento cuando se rodó la película, año 1997, ofrecía una imagen que nada tiene que ver con la actualidad. En aquella época, sus casas bajas que en ocasiones rozaban el chabolismo y con dudosas condiciones de salubridad para sus habitantes, contrastaba con la aparición del ya entonces «nuevo Madrid» personificado en las Torres KIO.

En varios planos se puede contemplar el colosal tamaño de los famosos colosos inclinados, a cuyos pies se extienden, diminutas, construcciones de aspecto frágil y humilde. Dos mundos que convivieron durante un tiempo a pesar de no tener nada en común. La Ventilla viene de sufrir una transformación radical y ya no queda nada de lo que se ve en la cinta, donde se nos muestra como una zona casi marginal e indómita.

5. *Taxi* (1996)

Si bajamos desde la plaza de Cibeles por la calle Alcalá vamos a contemplar la postal más famosa y repetida de Madrid. Ese fotograma que aglutina elementos como el Edificio Metrópolis, el Edificio

Grassy o el inicio de una Gran Vía en la que sobresale, imponente, el Edificio Telefónica. Precisamente esta visión es el primer plano de *Taxi* (1996) que sirve para situar al espectador en la metrópoli donde transcurre la acción de la cinta.

En esta drama, cuyo director es Carlos Saura, nos adentramos en el lado más turbio y peligroso del ser humano. Una serie de taxistas que durante sus turnos de noche forman un grupo llamado «la Familia» que según su punto de vista se «encargan de limpiar» las calles de homosexuales, gente de color y de todo aquello que intuyen como una amenaza para la sociedad. Una organización cuya actividad se ve alterada con la incursión en el negocio del taxi de Paz (Ingrid Rubio), hija de uno de los miembros de la banda.

La película fluye casi en su totalidad en escenas nocturnas, lo que no evita que consigamos reconocer varios parajes de Madrid como el viaducto de la calle Bailén, el Palacio de Cristal o el descomunal monumento a Alfonso XII en el Retiro, escenario de la última escena del film. *Taxi* es un delicado descenso a los bajos fondos de la moralidad humana que transcurre, perverso, por las entrañas de la urbe. Una película que nos pone en alerta sobre los peligros y el lado menos amigable de las noches en las grandes ciudades.

6. *La comunidad* (2000)

La sublime fachada del Metrópolis siempre expone una disyuntiva al peatón que camina sin rumbo: ¿Gran Vía o Alcalá?, ¿qué camino tomar? En esta ocasión nos interesa asumir la segunda opción. Descenderemos por la calle más larga de Madrid y lo haremos sin cambiar de acera. Llegando a la intersección con la calle de la Virgen de los Peligros gozaremos de una bonita panorámica de nuestro siguiente escenario de cine.

Resulta que delante, haciendo una sutil curva en su fachada, se levanta la que fuera sede del Banco de Bilbao. Un espectacular edificio obra de Ricardo Bastida y Bilbao de inicios del siglo XX (el concurso para su construcción se organizó en 1919 y las obras se iniciaron poco después). Resulta casi inevitable cuando lo miramos no desviar nuestra mirada hacia la pareja de cuadrigas que

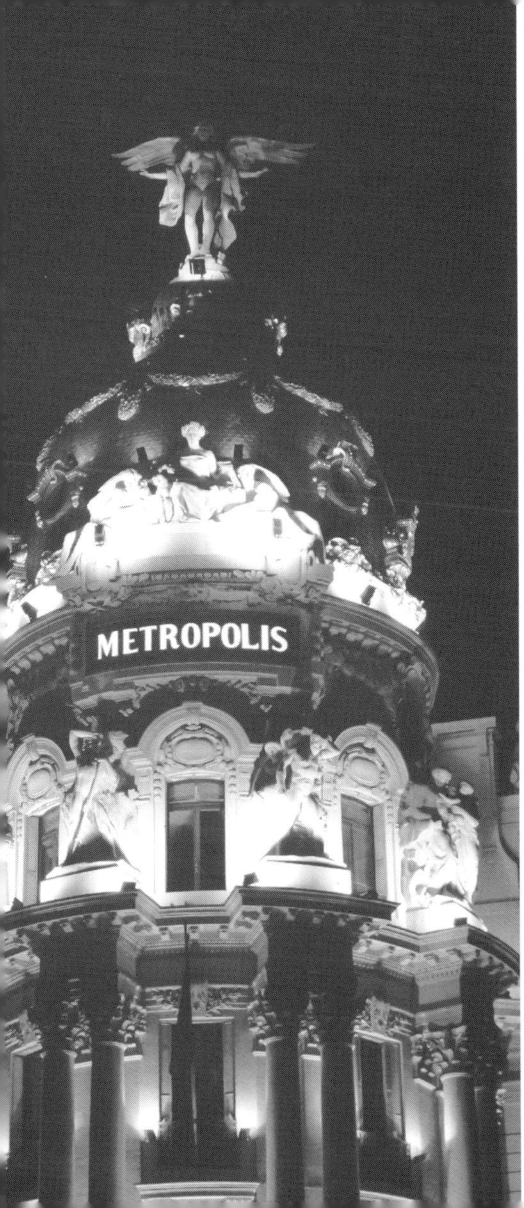
METROPOLIS

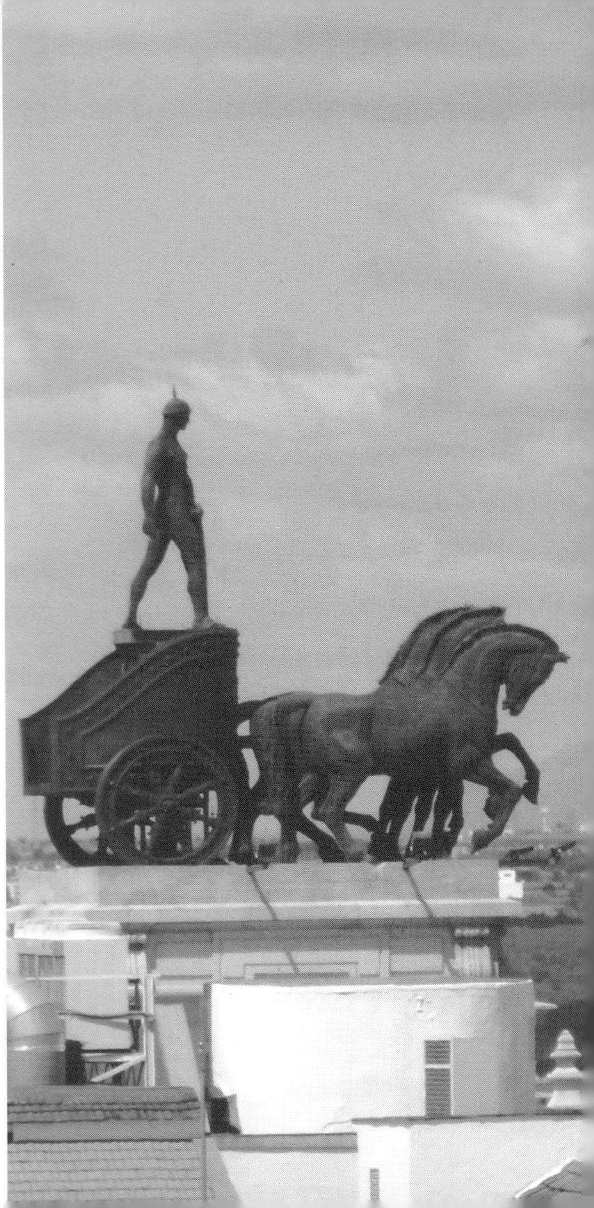

lo coronan. Por su elegancia y fuerza, dos de mis esculturas preferidas y que precisamente tienen un papel decisivo en la película *La comunidad* (2000) de Alex de la Iglesia.

En esta hilarante comedia negra asistimos a la obsesiva persecución que una colección de siniestros y lunáticos vecinos hacen sobre Julia (Carmen Maura, quien ganó al Goya a la mejor actriz por su soberbia interpretación). Una agente inmobiliaria que por casualidad encuentra un tesoro que los miembros de la comunidad llevaban anhelando durante años.

Cuando se enteran de que la recién llegada ha sido capaz de encontrar sin esfuerzo el botín que durante tanto tiempo se les ha resistido, esta horda de personajes amorales harán todo lo que esté al alcance de su mano para que el dinero no salga de su patio de vecinos.

Prácticamente toda la película evoluciona en este estrambótico y lúgubre rellano que, teóricamente, se ubica en la carrera de San Jerónimo. No obstante, el trepidante final traslada la acción a los tejados de Madrid y por último a las dos colosales esculturas, de algo más de doce toneladas de peso cada una. Gracias al film nos podemos hacer a la idea de su tremendo tamaño al ver a las actrices junto a ellas, una referencia a la que no estamos acostumbrados al contemplarlas a ras de suelo. Una escena de vértigo y perfectamente hilada, en la se termina por resolver la trama y embrollos de esta fantástica y más que recomendable producción.

7. *Los abrazos rotos* (2009)

Si tomamos la calle de la Virgen de los Peligros apareceremos en ese derroche de energía que responde al nombre de Gran Vía. Casi de frente, pegado al portal número 12, se localiza un local con un peso y tradición sin igual en Madrid, el Museo Chicote.

Abierto desde 1931 fue el epicentro de la *belle époque* de la ciudad. Un lugar emblemático por el que pasó lo más granado del mundo del celuloide y del espectáculo. Por sus sofás desfilaron desde Frank Sinatra a Gary Cooper, de Grace Kelly a Ava Gardner, en noches que marcaron una época. En un ambiente mucho más íntimo y apagado se resuelve la película *Los abrazos rotos*

(2009) de Pedro Almodóvar que desarrolla una de las escenas claves del film en este maravilloso espacio *art déco*.

Para la que era su película número 18 como director, el realizador manchego regresó a su ciudad fetiche, una urbe cuyas calles y recovecos conoce a la perfección y que ha sido un denominador común en casi toda su trayectoria. Durante este drama que va alternando historias y tiempos pasados y presentes, Almodóvar se recrea con lugares como el viaducto de la calle Bailén o la plaza de Picasso en AZCA. No obstante, es en el Museo Chicote, emblema de la Gran Vía y de la ciudad, donde Judit (Blanca Portillo) tiene un derroche de sinceridad con Mateo (Lluís Omar) en un capítulo trascendental.

Bajo la expectante mirada de varios camareros, y con la Gran Vía como telón de fondo, esta escena es la pieza del puzle que nos falta hasta bien avanzada la película para entender todo lo que en ella sucede.

8. *Abre los ojos* (1997)

Dejamos atrás este icono de Madrid para avanzar por la Gran Vía en dirección a plaza de España. Solo así podremos revivir una de las escenas de cine más fascinantes y sorprendentes de cuantas se han rodado en esta ciudad. ¿Quién no recuerda a Eduardo Noriega caminando turbado e incrédulo por esta avenida totalmente desierta? Aquel desconcertante plano es el más recordado de la sublime *Abre los ojos* (1997).

Este drama psicológico, con matices de ciencia ficción y buena cantidad de intriga, fue la consagración de Alejandro Amenábar, quien en su ópera prima *Tesis* (1996) ya apuntaba muy alto. En esta ocasión, el realizador nacido en Santiago de Chile nos narra cómo la vida de César (Eduardo Noriega) recibe un vuelco fatal tras sufrir un accidente que le deforma el rostro y a partir de ese momento nada volverá a ser lo que parece. Una angustiosa existencia donde la realidad y la ficción juegan al ratón y al gato, sorprendiendo continuamente al espectador.

Esta película contó con un presupuesto de 2,2 millones de euros, cantidad que se recuperó con creces. Como curiosidades se puede añadir que en un principio se iba a titular *El contrato* y que Amenábar rodó varios finales, aunque para saber con cual se quedó os animo a visionar la cinta.

Este film ambiguo e impactante se desarrolla en Madrid y, por lo tanto, aparecen en él diversas localizaciones como el parque de Berlín o la azotea de la Torre Picasso, en AZCA, punto donde se aclara toda la trama. Sin embargo, como indicaba al principio, la escena que ha pasado a la historia es en la que el protagonista camina desorientado por una Gran Vía exenta de vida y de tráfico. Para rodarla fue necesaria la intervención de cientos de ayudantes que, sincronizados, lograron cortar el tráfico de todas las calles adyacentes a esta vasta avenida.

Aprovechando que era primera hora de la mañana, y tras repetir varias tomas, por fin lograron el plano definitivo. Una toma prácticamente perfecta ya que después se descubrió que se les había colado una persona en el plano. Si os fijáis con atención, aparece en la parte derecha, asomada en uno de los balcones. Un detalle casi imperceptible que no puede emborronar uno de los fotogramas más deslumbrantes y brillantes de cuantos se han filmado en Madrid. ¿A quién no le gustaría disfrutar de la Gran Vía en soledad? Una situación inverosímil que ni la magia del cine pudo hacer posible.

9. *El día de la bestia* (1995)

Avanzamos por Gran Vía, seguramente con mucha más compañía y ruido que en la escena de *Abre los ojos* y al llegar a la plaza de Callao nos toparemos con uno de los símbolos de este bullicioso espacio, el Edificio Carrión, también conocido como Edificio Capitol. En su parte superior, cubierta por uno de los dos neones más famosos de Madrid (el otro es el Tío Pepe de la Puerta del Sol), tiene lugar una de las escenas más memorables de séptimo arte patrio. Por su culpa, resulta imposible mirar ese colorido anuncio y no pensar en *El día de la bestia* (1995).

Dirigida por Alex de la Iglesia, esta película abrió la veda de lo que se bautizaría como «comedia satánica» tocando situaciones cómicas y simpáticas con momentos más tenebrosos. En esta cinta, que logró grandes alabanzas tanto por parte de la crítica como del público, se nos cuentan los avatares del cura Ángel Berriatúa (Álex Angulo) quien descubre que el anticristo va a nacer en Madrid. En su arriesgada empresa por evitarlo contará con la colaboración de el profesor Cavan (Armando de Razza) y de un aficionado al *heavy*, José María (Santiago Segura).

Desde el inicio del largometraje se van sucediendo escenas disparatadas que tienen como escenario un Madrid hostil, oscuro y peligroso. Toda la acción se desarrolla en una fecha concreta del calendario, el 24 de diciembre, día de Nochebuena. Los tres protagonistas tienen la misión de encontrar el lugar donde va a nacer el anticristo antes

de que sea demasiado tarde. Así, durante sus acciones aparecerán espacios como los jardines del Descubrimiento en Colón, la estatua de *El ángel caído* en el Retiro o una intensa persecución por una calle Preciados atestada de gente. Otro espectacular «decorado» de la obra tiene lugar en el patio y escalera de la Casa Matesanz (Gran Vía, 27) ya que es el impresionante inmueble donde vive el profesor Cavan.

Pero como decía al inicio, Madrid y *El día de la bestia* siempre estarán unidas por la escena que tiene lugar en el anuncio de Schweppes, cuya existencia forma una de las postales icónicas de la Gran Vía. Este luminoso, colocado a 37 metros de altura y compuesto por 312 barras de neón, acapara un papel principal en la película cuando los tres protagonistas quedan suspendidos de él en un intento desesperado por no precipitarse al vacío.

Han sido innumerables las veces que, caminando por la Gran Vía, he escuchado a la gente recordar esta escena mientras apuntaban con el dedo al chaflán más famoso de Madrid, como queriéndose encontrar al personaje interpretado por Santiago Segura suspendido en el aire, tal y como aparece en el film. *El día de la bestia* marcó un antes y un después en la vida de este luminoso que, desde entonces, todos miramos con una media sonrisa dibujada en la boca, como queriendo agradecerle el buen, y tenso, rato que en su día nos hizo pasar.

10. *Los amantes del círculo polar* (1998)

Si la Gran Vía ha dejado asomar su faceta más artística en varias producciones, el corazón de la ciudad no iba a ser menos. La plaza Mayor, habituada a los objetivos de los turistas que cada día la atraviesan de un lado a otro, tampoco se amilana y ya sabe lo que es dar el salto a la gran pantalla.

De igual manera que, a cada minuto, los viandantes atraviesan despreocupados los accesos de este centenario recinto ocurrió en la ficción con Otto (Fele Martínez) y Ana (Najwa Nimri). Ellos son los dos sufridores protagonistas de *Los amantes del círculo polar* (1998), película que logró alzarse con dos premios Goya.

La escena que ambos interpretan en este drama romántico y que tiene como fondo la que antaño se llamó plaza del Arrabal o de la Constitución resume a la perfección la existencia de estas dos personas. Destinadas a buscarse y lo que es más duro, a no encontrarse.

El relato de *Los amantes del círculo polar* es una triste narración de un amor secreto y furtivo donde, para desgracia de sus implicados, siempre en la moneda sale la cruz. Un amor casi idealizado que Julio Medem, su director, desgrana con planos sutiles y elegantes, pura lírica hecha cine. Una relación cuya llama prende con viveza en Madrid y se apaga, casi muda, en Finlandia, muy próxima al círculo polar. Con esta historia aprendemos lo caprichoso que es a veces el destino pero no siempre para bien, ya que las casualidades muchas veces aportan alegrías pero otras, implican dolor.

Otto y Ana se anhelan y desean pero siempre ocurre algo que les impide materializar su amor. Coincidencias que juegan en su contra como la escena de la que ahora hablamos en la que ambos permanecen sentados, de espaldas, en una de las solicitadas terrazas de la plaza Mayor. Ambos permanecen unos segundos casi pegados desconocedores de que, la persona a la que aman, está a tan solo unos centímetros de su piel, sin percatarse de ello. Un nuevo infortunio a añadir en su particular colección. La estatua ecuestre de Felipe III, que los observa con pena, puede dar fe de ello.

11. La primera exhibición cinematográfica en Madrid

Este ameno paseo, que nos ha llevado a conocer la cara más artística de varios puntos que son verdaderos referentes de Madrid, no tendría razón de ser sin una última localización. Un rincón que paradójicamente nunca ha aparecido en la gran pantalla pero cuya aportación al séptimo arte se antoja decisiva.

Si atravesamos la Puerta del Sol y tomamos la carrera de San Jerónimo, al llegar al número 32 un par de placas en la fachada ya nos ponen tras la pista de lo que buscamos. En este lugar estuvo antaño el Hotel Rusia y en su comedor, un 13 de mayo de 1896, se produjo la primera exhibición cinematográfica en nuestro país. Básicamente podemos de-

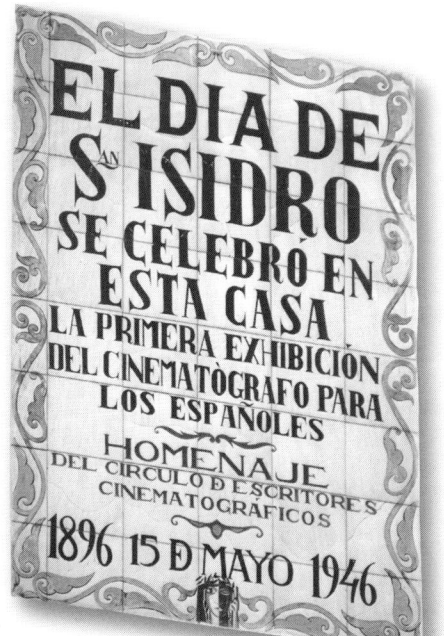

negro una de las estancias del hotel, en la planta baja, y se hizo un primer pase para la prensa y algunas personalidades. Era, como digo, un miércoles 13 de mayo.

Dos días más tarde, coincidiendo con la festividad de San Isidro se abrió la entrada al público en general, previo pago de una peseta. Se ofertaban tres pases diarios, de 10 a 12 de la mañana, de 3 a 7 de la tarde y de 9 a 11 de la noche. En cada proyección se mostraban un total de diez «películas» diferentes y entre todas duraban aproximadamente unos veinte minutos. Algunos de los títulos que la gente pudo visionar fueron *La llegada de un tren a la estación*, *Paseo por el mar* o *Concurso hípico de Lyon*. Eran escenas mudas de la vida real, momentos cotidianos sin ningún tipo de guión o trama pero que resultaban igualmente fascinantes para un público que por primera vez veían la vida en movimiento sobre una tela blanca.

El cinematógrafo Lumiére estuvo durante varios meses fascinando a los madrileños en este mismo lugar, e incluso con el paso del tiempo redujo el

cir que en este casi desconocido lugar comenzó el firme idilio entre el séptimo arte y Madrid.

Cinco meses después de que este sorprendente invento, el cinematógrafo, dejase atónito al público parisino, un técnico de la casa Lumiére llegó a la capital española para seguir mostrando el efecto de estas «fotografías en movimiento». Para ello, se revistió de precio de la entrada a la mitad para hacerse más accesible. Más tarde, llegó el primer cine donde se proyectaron películas de forma estable, en un barracón de la calle Manuela Malasaña, el Salón Maravillas. Tampoco podemos olvidar la *belle époque* de la Gran Vía cuando esta resultó bautizada como el «Broadway madrileño» llegando a contar con hasta 14 salas de las que hoy apenas sobreviven tres.

Todo lo descrito anteriormente en esta caminata no hubiese sido posible si hace 118 años en esta anodina esquina entre la carrera de San Jerónimo y la calle Ventura de la Vega no se hubiera producido aquella primera exhibición. Está claro que la afinidad entre Madrid y el mundo del cine es más que notable, por eso he querido concluir este paseo aquí, en el lugar exacto donde comenzó todo. El punto donde el Madrid admiró la magia del cine por primera vez.

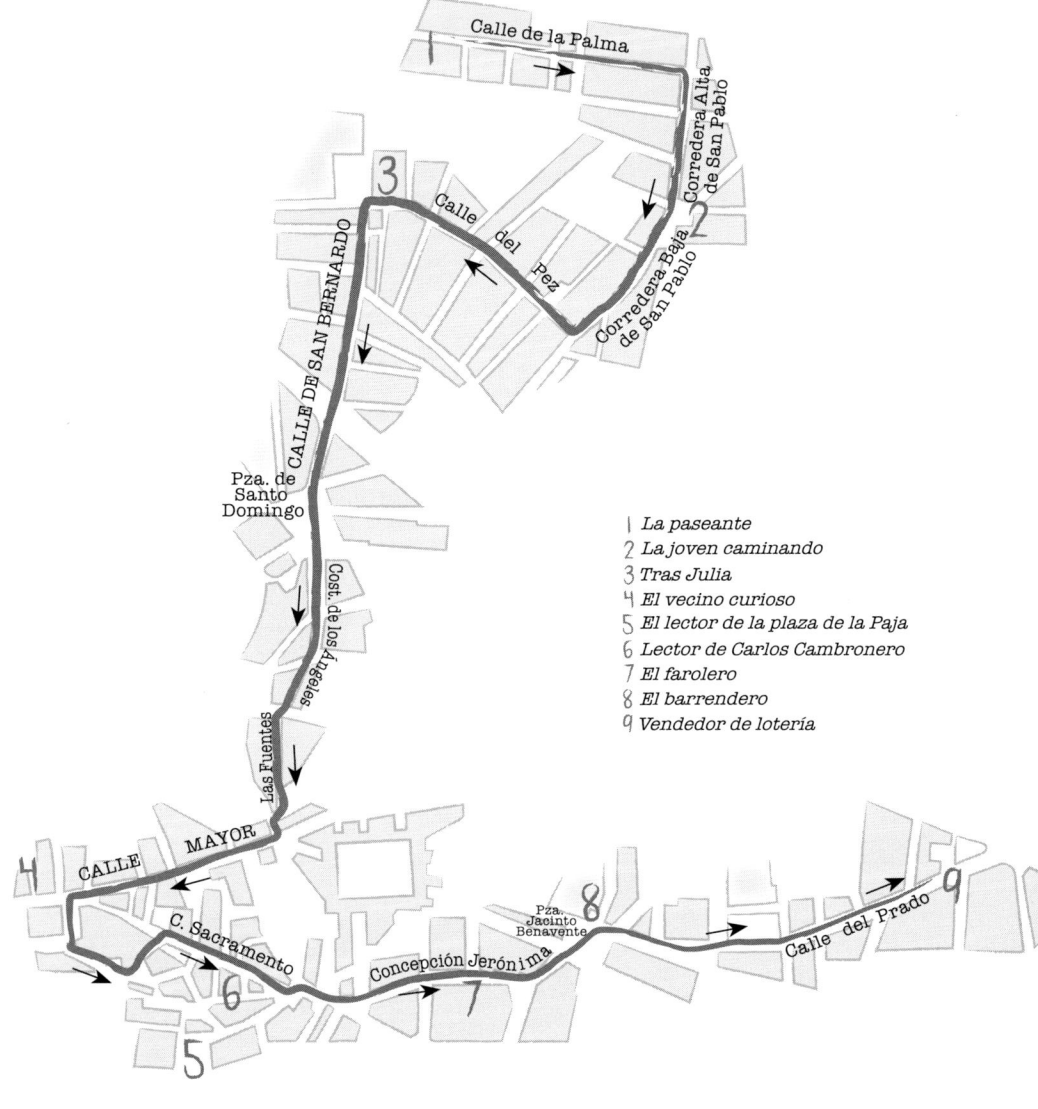

Calle de la Palma

Corredera Alta de San Pablo

Calle del Pez

Corredera Baja de San Pablo

CALLE DE SAN BERNARDO

3

Pza. de Santo Domingo

Cost. de los Ángeles

Las Fuentes

CALLE MAYOR

4

C. Sacramento

6

5

Concepción Jerónima

7

Pza. Jacinto Benavente

8

Calle del Prado

9

1 *La paseante*
2 *La joven caminando*
3 *Tras Julia*
4 *El vecino curioso*
5 *El lector de la plaza de la Paja*
6 *Lector de Carlos Cambronero*
7 *El farolero*
8 *El barrendero*
9 *Vendedor de lotería*

LOS ETERNOS VECINOS DE MADRID

LOS ETERNOS VECINOS DE MADRID

1. *La paseante* (calle de la Palma, 46)
2. *La joven caminando* (plaza de San Ildefonso)
3. *Tras Julia* (calle del Pez, 42)
4. *El vecino curioso* (calle de la Almudena)
5. *El lector de la plaza de la Paja* (plaza de la Paja)
6. *Lector de Carlos Cambronero* (calle de San Justo, 5)
7. *El farolero* (calle Concepción Jerónima, 15)
8. *El barrendero* (plaza de Jacinto Benavente)
9. *Vendedor de lotería* (calle de San Agustín, 1)

Madrid me fue ganando poco a poco, mi pasión por ella no fue algo que cristalizó de la noche a la mañana sino que se gestó de forma calmada. Especialmente al inicio, cuando mi relación con la ciudad se cimentaba básicamente sobre largos paseos, me fijaba en detalles que, con el paso del tiempo, iban dejando en mí cierto poso. Una de estas peculiaridades fue la presencia de numerosas esculturas a pie de calle. Casi todas, en la mayoría de los casos parecen reclamar algo más de atención de un pueblo que, en su estrés diario, parece obviarlas una vez desvanecido el factor sorpresa de su llegada.

Detrás de su frío aspecto, en cada una se esconde un sentido y significado y, por supuesto, una historia. Están allí por algo y ahora, además de observarlas con cierto detenimiento, es el momento de escucharlas. Por este motivo, os invito a transitar conmigo por las calles de la capital a la caza y captura de estas obras que, sin ningún pedestal que las promocione y proteja, se esmeran por vivir a ras del suelo. Ellas, en guardia las 24 horas del día, saben tomar el pulso mejor que nadie a Madrid. Se funden entre nosotros hasta resultar invisibles pero en esta ocasión caminaremos atentos para que ninguna escape de nuestra mirada.

1. *La paseante*

Para este nuevo *tour* que nos llevará a conocer a algunos de los seres metálicos que deambulan por Madrid, disfrutando del anonimato entre los peatones, estableceremos como punto de partida o la estación de metro de Tribunal o la de Noviciado. Cualquiera de las dos es igualmente válida para sumergirnos en Malasaña y tomar la rígida calle de la Palma en busca de nuestra primera invitada.

Si nos acercamos al portal 46, en la puerta de la Escuela de Artes Aplicadas y Oficios Artísticos, nos damos de bruces con esta eterna estudiante de pose despreocupada e incluso provocativa. Los fríos inviernos de Madrid no suponen el menor problema para esta chica de pelo ensortijado y a la que la mayoría de la gente se refiere como *La paseante*. Ataviada con una camiseta de finos tirantes y una falda pegada a su bonita silueta pero con pronunciados pliegues, esta joven que llegó al barrio en 1999 desafía a los termómetros con gesto indolente.

Fue a través de un concurso, convocado por la propia escuela, cuando se empezó a barruntar su nacimiento. Su autor, Roberto Manzano, fue el elegido y ella, la gran vencedora en esta iniciativa, al menos así lo creyó en un principio, ya que su vida ha estado marcada por numerosos incidentes. En el año 2009 ya apareció con un brazo arrancado pero aquello no fue su peor suerte. Un martes de julio de 2013 los vecinos se frotaban los ojos al encontrársela arrancada de cuajo, tirada sobre el asfalto y con la cabeza cercenada.

Estos han sido los peores agravios que ha tenido que soportar esta chica (raro es el fin de semana que no llega al lunes pintada, con alguna pegatina o ultrajada de cualquier otra forma). Ella que solo aspiraba a ser una más entre los numerosos alumnos que durante el curso lectivo se amontonan en la puerta de la escuela, ahora, sufre cada noche. Es entonces cuando bajo el amparo de la oscuridad, teme las imprudencias de los más cobardes, los que se ceban con aquellos que nunca podrán defenderse.

2. *La joven caminando*

Si marchamos hacia la Corredera Alta de San Pablo y comenzamos nuestro descenso por esta calle agradable y armoniosa, más temprano que tarde daremos con un pequeño recinto. Atestado de ese binomio irrompible que forman personas y terrazas, responde al nombre de plaza de San Ildefonso.

Reconozco que muchas veces he pasado a su lado con la sensación de que en un radio de acción bastante considerable yo era el único viandante que se percataba de la presencia de este rígido ser. Casi incómoda entre tanta gente que viene y va y con ganas de diversión, y dispersión, vive nuestra siguiente amiga.

Delante de las paredes amarillentas de la iglesia de San Ildefonso nos encontramos con la prima hermana de la anterior protagonista, aunque esta de aspecto mucho más formal y juiciosa. Siempre portando su carpeta, su mochila y con la mirada ligeramente caída al suelo, *La joven caminando* parece acudir o regresar a las clases con la mente secuestrada por preocupaciones mientras la gente ignora a su alrededor su ofuscación. Vecina de esta plaza desde el año 1996, esta obra en bronce a tamaño natural es mérito de Rafael González. Su autor posiblemente quiso homenajear con ella al nombre oficial del barrio, Universidad, y de paso a la institución que, a no muchos pasos de ahí, bautizó esta parte de Madrid, la Universidad Central.

Hay quienes ya le han sumergido en una tribu urbana

apodándole «la grunge» por su forma de vestir. Al igual que le ha sucedido a *La paseante,* el hecho de vivir, sin posibilidad de resguardarse por las noches, en una zona de tan intensa actividad nocturna la ha obligado a ser blanco fácil de vándalos que no han dudado en alterar su aspecto original. Como si no tuviese poco con estar condenada a vivir permanentemente en horario lectivo, en 2011, por ejemplo, amaneció pintarrajeada. Un triste despertar para una chica que no molesta a nadie, ni lo hará nunca.

3. *Tras Julia*

Estando en un barrio que responde al nombre de Universidad resulta casi obligatorio que varias de las obras que pululan en sus desgastadas aceras evoquen al mundo estudiantil. Así lo hace también nuestra última y callada amiga. Para llegar hasta ella, tomaremos la Corredera Baja de San Pablo y más tarde proseguiremos por la calle del Pez hasta llegar casi a su fin. Allí, apoyada con donosura sobre la fachada de la derecha nos aguarda *Tras Julia.*

Sí que me gustaría aclarar desde un principio que de todas las esculturas que me he ido topando a pie de calle durante mis paseos por Madrid ella es mi ojito derecho. Siempre que paso cerca de la zona me desvío para verla y pasar junto a ella. Como quien se deja caer por la tienda de un amigo para saludarle en su lugar de trabajo o el que cambia de itinerario, de forma intencionada, para ver a la chica que le gusta. La miro, me aseguro de que está bien y muy a menudo termino mi corta visita haciéndole una foto con el móvil. «¿Quién sabe cuando nos veremos de nuevo?» susurro para mi interior mientras me alejo de ella con pena.

No sé si es la belleza de la propia figura femenina o la historia de superación y lucha que encierra esta pieza de bronce pero, sea el motivo que sea, tiene un poder magnético en mi persona.

Julia luce una media melena que en parte sujeta detrás de una de sus orejas, eso le permite observar con mayor nitidez la vida que pasa por delante de sus misteriosos ojos. Su figura casi etérea y frágil no deja ni siquiera intuir de lejos sus cerca de 200 kilos de peso. Vestida con una blusa que sugerentemente muestra sus hombros y con las piernas cruzadas, cubiertas hasta la rodilla por una falta, ella es consciente en todo momento de su belleza. Porta varios libros y carpetas sobre su mano derecha pero tampoco parece prestarles demasiada atención, más centrada quizás en la vida que le rodea que en sus apuntes.

Calzada con unas finas sandalias y ligeramente recostada sobre uno de los muros del palacio Bauer, Julia llegó al barrio en 2002 y se emplazó en este punto de forma deliberada. Su ubicación a escasos metros de la que fuera Universidad Central de Madrid, en la calle de San Bernardo, recuerda una época de injusticias sociales, cuando las mujeres tenían prohibido el acceso a la universidad. En este contexto, la gran luchadora por los derechos de la mujer, Concepción Arenal, empezó a asistir de oyente a clases de Derecho disfrazada de hombre, cuando tenía 22 años, a mediados del siglo XIX. Un hecho sorprendente y triste a partes iguales que esta obra se encarga de recordarnos y de mantenernos presente.

Julia, mi amor platónico de metal, simboliza aquella pelea en busca de la igualdad que nunca debería haberse planteado. Obra del escultor Antonio Santín Benito, *Tras Julia* es un emotivo y a la vez discreto homenaje a todas aquellas personas luchadoras, unas más conocidas y reconocidas que otras, que hicieron todo lo que estuvo al alcance de su mano por hacer realidad un mundo sin prejuicios ni fronteras mentales. Esta eterna adolescente aparentemente no dice nada pero la fuerza y empuje que se desprenden de ella son arrolladores.

4. *El vecino curioso*

Después de esta batida por el barrio de Malasaña que nos ha llevado a conocer tres chicas como *La paseante*, *La joven caminando* y a Julia, llega el momento de cambiar radicalmente de escenario y de registro. Para ello nos marcaremos como objetivo el tramo final de la calle Mayor. En este caso os recomiendo bajar por San Bernardo hasta la plaza de Santo Domingo, de ahí tomar la costanilla de los Ángeles y por último la calle de las Fuentes. Con este descenso hacia el corazón de Madrid notaremos como las vías resultan cada vez más estrechas, señal inequívoca de que nos acercamos al Madrid más histórico e íntimo. El que más pisadas ha recibido sobre sus aceras y el que más ha visto y escuchado.

Después de este breve paseo que nos reubica en la ciudad habremos llegado a la calle Mayor. Su nombre ya lleva cosido el enorme peso que esta calle tuvo y tiene para la Villa y Corte. Escenario de acontecimientos como el atentado terrorista por parte del anarquista Mateo Morral el día de la boda de Alfonso XIII y Victoria Eugenia en mayo de 1906, en el que fallecieron 22 personas. Pues bien, al final de la misma damos caza a nuestro siguiente invitado.

A mano derecha, en la brevísima calle de la Almudena, nos percatamos de una inquietante presencia. Un tipo que ignora lo que acontece a sus espaldas mientras contempla absorto algo a través de unos enormes vidrios. ¿Quién es?, ¿qué mira?, ¿por qué está ahí?, vayamos por partes.

Estamos ante *El vecino curioso*, un hombre de mediana edad y de tamaño real cuyo rasgos más característicos son su boina calada y sus nalgas doradas, «por culpa» del excesivo manoseo al que estas se ven sujetas. Esta obra corresponde a Salvador Fernández Oliva y fue la solución perfecta ante una seria disyuntiva que se originó hace unos años.

Todo empieza cuando en un proyecto para peatonalizar la zona aparecen

durante las excavaciones los restos de la desaparecida iglesia de Santa María de la Almudena, antecesora de la actual catedral, y considerada como el templo más antiguo de Madrid. Su derribo tuvo lugar en 1868 pero al realizar estas obras las ruinas volvieron a salir a la luz por lo que se tomó la acertada decisión de mantenerlas a la vista y de integrarlas en el contexto actual pero ¿cómo hacerlo? Y, lo más importante, ¿de qué forma se podría llamar la atención del peatón para que se fijase en ellas?

La solución, en 1999, pasó por colocar apoyado sobre la barandilla a este vecino curioso. Una persona que existe en la vida real puesto que como modelo se utilizó a Carlos McLean, amigo personal del escultor. Con el paso del tiempo, esta presencia silenciosa se ha convertido en el mejor cebo posible ya que la gente cuando lo ve se siente atraída y se acerca a él y, entonces, copia su posición cayendo así en la cuenta de lo que mira con tanto detenimiento. Exactamente los restos del ábside de la desaparecida y modesta iglesia del siglo XII.

Antes de retomar vuestra caminata os invito a compartir postura y mirada con este entrañable ser. Son muchos los compañeros de barandilla que le surgen en el día a día pero todos, tarde o temprano, le abandonan. Sinceramente, tampoco parece importarle.

5. *El lector de la plaza de la Paja*

Después de conocer las ruinas de la que fuera iglesia más antigua de la Villa y Corte, posiblemente construida sobre la mezquita mayor del Madrid musulmán, toca intimar con otro personaje que goza de un entorno privilegiado y repleto de historia. ¿Quién se viene a la plaza de la Paja?

Bajando por la calle Pretil de los Consejos llegamos sin demasiado esfuerzo a la plaza de la Cruz Verde, lugar hoy de aspecto relajado pero que sirvió de escenario para las diferentes ejecuciones públicas de la Inquisición. Cruzaremos la calle de Segovia y al horizonte, con una pequeña pendiente ascendente, ya podremos intuir el que fuese antiguo corazón comercial del Madrid medieval antes de la llegada de la plaza Mayor, la plaza de la Paja.

Aquella relevancia de primer orden obligó a este entorno a tener construcciones de calado como el desaparecido palacio de los Lasso de Castilla. En nuestros días se trata de uno de mis espacios preferidos para empezar a explorar el pasado de Madrid. Un sitio con tantos reclamos que por ello nos sorprende una presencia sedente, apenas perceptible, que aparentemente tiene otras distracciones que poco tienen que ver con la arquitectura y el encanto de la ciudad.

En un entorno que hoy por hoy se ofrece tranquilo y sin demasiados sobresaltos, vemos con estupor cómo alguien se ha adueñado de uno de los bancos. A los pies del palacio de los Vargas, el edificio de color gris claro y de piedra que hace esquina con la capilla del Obispo, se percibe una silueta que de lejos puede confundirse con la de una persona real.

Según avanzamos nuestros pasos descubrimos que se trata de otro de esos mimos eternos que visten Madrid. Lo que más llama la atención, y nos confunde, es su postura; aparece leyendo un periódico con un aspecto tan natural y logrado que en cualquier momento parece que va a pasar la hoja del diario. Esta obra llamada *Lector en la plaza de la Paja* hizo de ese banco de granito su hogar en el año 1998 cuando fue allí dispuesta.

Como dato curioso se puede indicar que el autor se utilizó a sí mismo como referencia a la hora de esta obra de bronce fundido realizada bajo la técnica de la cera perdida. Aunque hoy desprende un ademán relajado, su instalación se produjo bajo una gran tensión ya que la noche antes de su inauguración aún no estaba completa y varios problemas técnicos hicieron que se pudiese anclar a su banco de forma definitiva «cuando ya casi aparecía el alcalde con la banda de música por la parte baja de la plaza», según palabras de su propio creador.

A pesar del histórico y valioso paisaje que le rodea, este ser permanece ensimismado en su lectura, sin mostrar misericordia por los edificios que le vigilan y alaban una mirada. Con su jersey anudado sobre los hombros y sus pies vestidos por un par de elegante mocasines, este hombre no tiene piedad con un periódico que está condenado a no terminar nunca. Si nos acercamos lo suficiente podremos ver ese tajante mensaje que reza la página que lee nuestro amigo. «Entre todos rehabilitamos Madrid». Un enigmático aviso que nos invita a la reflexión mientras marchamos a descubrir a nuestro próximo colega.

6. *Lector de Carlos Cambronero*

Este empedernido lector no va a ser el último que nos encontremos en el camino, de hecho, la próxima escultura que vamos a conocer podríamos decir que es hermana de la anterior. Para acceder a ella desharemos nuestros pasos hasta volver a la calle de Segovia y de ahí caminamos hasta el pasaje del Obispo, una fugaz vía de vida escalonada. Cuando coronemos este desnivel habremos arribado a la calle de San justo y con solo lanzar un pequeño reojo a nuestra izquierda daremos con nuestro esquivo amigo.

A las puertas de la Biblioteca Iván de Vargas, espacio que abrió en 2011, logramos poner cara a la enésima obra de este tipo que habita Madrid. Con los cerca de 40 000 títulos que aglutina esta institución no es de extrañar que en su acceso nos topemos con una persona que está, precisamente, leyendo.

Esta estatua que vive en la calle de San Justo y a poquitos metros de la basílica pontificia de San Miguel es obra también de Félix Hernando, de ahí el parentesco que os mencionaba anteriormente. Bautizada como el *Lector de Carlos Cambronero,* es un bonito homenaje a Carlos Cambronero, historiador y ensayista que se ganó con merecimiento el título de cronista oficial de la Villa. Destaca en su producción el libro *Las calles de Madrid*, publicado en 1889 y escrito de manera conjunta con Hilario Peñasco de la Puente.

Cambronero recogía en este volumen noticias y curiosidades acaecidas en el siempre encendido callejero de la villa además de explicar el origen de los nombres de las diferentes vías. En definitiva, un texto que hoy todavía es muy consultado y alabado por su rigurosidad y que 125 años después de su edición sigue contando con un importante reconocimiento. Tal es así que la escultura de Félix Hernando aparece consultando el legado de Cambronero, como queriendo ubicarse mientras alza su mirada en busca de una referencia que le permita orientarse en ese laberinto de relatos que conforma el corazón de Madrid.

A la vera de esta obra, cuyo modelo fue Antonio Gallardo, operario y encargado de la fundición con la que trabaja el autor de la obra, se extiende una coqueta plaza en la que no pocas veces me he detenido y sentado. Resulta gratificante hacer en ella un alto en el camino, bajo una sombra, mientras observamos cómo nuestro amigo sugiere una colaboración ciudadana que nadie le aporta.

7. Farolero

Aviso que a partir de este momento cambiará un poco la temática de las obras que vamos a examinar.

Si hasta aquí hemos cruzado la vista con hombres y chicas anónimas, que apenas llaman la atención y que por sus poses naturales pasan prácticamente desapercibidos entre nosotros, ahora nos centraremos en personajes diferentes. Esculturas que nos evocan a algún gremio o a una profesión muy concreta. Silenciosos homenajes a tantas y tantas personas que hicieron mucho por Madrid.

La primera de esta escueta lista la vemos en la serpenteante calle de Concepción Jerónima. Para llegar hasta nuestro siguiente destino atravesaremos la colorida plaza de la Puerta Cerrada, de ahí a la calle Latoneros y ya enfilaremos la recta final, nuestra meta nos aguarda en el número 15. Según avancemos hacia la Imprenta Municipal, nos percataremos de la presencia de una silueta rígida que además porta un alargado objeto. Las preguntas brotan solas: ¿quién es?, ¿qué lleva?, ¿por qué va así vestido? Paciencia, falta muy poco para saberlo.

En mi caso pertenezco a la generación que nunca vio en acción a estos, en antaño, imprescindibles personajes, los faroleros. Su labor era dotar de luz a las largas noches de la ciudad. Antes de que la electricidad llegase y se implantase como algo normal en nuestras vidas, la labor de estas personas, gremio al que representa la obra, era absolutamente vital y necesaria.

La llegada de estas luciérnagas humanas se comenzó a barruntar en el lejano 1765, cuando ya Carlos III promulgaba una real orden en la que fijaba el cuerpo de serenos y faroleros, sin embargo, para su implantación hubo que esperar al reinado de su hijo Carlos IV. Para que nos hagamos una idea, en 1800 Madrid contaba con unos 4600 faroles. Cada día, al caer el sol, 115 faroleros, lanza en mano, se encargaban de ir encendiéndolos uno a uno. Una labor minuciosa y lenta que hacía las noches relativamente transitables y, sobre todo, menos peligrosas.

Pero no vayáis a pensar que estos personajes son cosa de un pasado muy remoto, incluso hasta los primeros años setenta aún se les podía ver por Madrid en según que barrios, dejando un reguero de luz a su paso. Una labor incesante de varios siglos de longevidad que reciben su bonito homenaje en esta obra del año 2000 y cuyo autor es, de nuevo, Félix Hernando García. En esta ocasión, el autor utilizó como modelo a Carlos Martín León, amigo personal de Colmenar Viejo y al que curiosamente apodan Farol. Una preciosa coincidencia.

Me gusta de este farolero, cuya ubicación original fue la plaza del Carmen, muy próxima a la Gran Vía, ese aspecto de desorientado que nos muestra. Como si al aparecer por arte de magia en una ciudad moderna, al caer en la conciencia de que sus servicios ya no son demandados, no supiese qué hacer o a dónde ir. Armado con la vara, a cuyo extremo una mecha iba devolviendo la vida a decenas de faroles y con su indumentaria habitual, un guardapolvo, este entrañable ser ve, con ademán serio, cómo el mundo y el Madrid en el que el vivió han cambiado drásticamente.

8. *El barrendero*

¿Qué os parecería si os obligasen a realizar una agotadora tarea, de manera infinita? Algo así como la leyenda de Sísifo pero a pequeña escala. Pues bien, una situación similar y frustrante, pero en menor grado, es en la que se encuentra nuestro próximo invitado. Lo encontramos junto a la Casa de los Cinco Gremios y del Teatro Caser Calderón, en la tristona plaza de Jacinto Benavente.

Sobre todo en nuestras últimas paradas hemos marchado por lugares relativamente sosegados que nos permitían admirar las obras con pausa y sin prisas. Nada que ver con la vida que lleva *El barrendero*, allí donde la calle Carretas se funde con la citada plaza en honor al que fuese premio nobel de literatura en 1922. Una cosa que me atrae de este personaje es el delicado aura de soledad que le rodea a pesar de estar constantemente rodeado de personas.

Un aire íntimo y pusilánime que solo se ve interrumpido cuando algún viandante lo confunde con un mimo y

se detiene a su vera, confiando en que este ser con alma y cuerpo de bronce regrese a la vida. Se da la circunstancia que por la zona de la Puerta del Sol hay varios artistas callejeros que, imitando a este personaje, permanecen inmóviles durante prolongados ratos, mostrando un hilo de vida solo a cambio de algunas monedas. Por eso, cuando la gente se encuentra con esta escultura se piensan que están de nuevo ante un mimo e incluso le han llegado a tirar dinero.

Lo que estos incautos viandantes no saben es que este hombre no está ahí para ganarse la vida. *El barrendero* llegó a esta localización el 19 de julio de 2001 con un propósito bien distinto, como señal de agradecimiento de Madrid hacia un gremio que hace un trabajo importantísimo, y en demasiadas ocasiones infravalorado, como es mantener lo más limpio posible el mejor patrimonio que poseemos, nuestra ciudad. Una bonita obra que pocos saben que está incompleta. En su origen, el afanado trabajador del servicio de limpiezas barría unas hojas de árbol y una cajetilla de tabaco. Elementos también de bronce y que se encontraban anclados en el suelo aunque el paquete de tabaco apenas duró un año antes de ser sustraído.

Realizada también por Félix Hernando, *El barrendero* es una obra que goza del cariño de los madrileños. Hay muchas otras que producen indiferencia pero esta tiene algo que la hace especial. Con su cepillo de bronce y su traje clásico, el mismo que portaban estos trabajadores en los años sesenta, ha logrado ganarse un hueco en el corazón de sus vecinos de carne y hueso. Curiosamente, como modelo se usó para la obra a Juan Manuel, un barrendero de Colmenar Viejo. Pocas personas pueden decir que tienen una escultura, a su imagen y semejanza en el corazón de Madrid, este afortunado barrendero es una de ellas.

9. *Vendedor de lotería*

Tras conocer a este simpático y tenaz señor emprendemos un breve paseo que nos llevará por varios de los recintos más acogedores de Madrid. Primero atravesaremos la plaza del Ángel y a continuación lo haremos por su hermana mayor, la plaza de Santa Ana. Alma y corazón de un barrio de las Letras que ya se ha convertido en un cachito imprescindible de la ciudad para entender su carácter actual.

Aconsejo no pasar de largo ni ignorarla y colocarse en el centro para dar un repaso de lo mucho que nos puede mostrar. Destacan el espectacular edificio del Hotel Me Reina Victoria, el ajado

Teatro Español y dos inquilinos inmóviles, ambos pertenecientes al mundo de las letras, las estatuas de Federico García Lorca y de Calderón de la Barca. No obstante, no son ellas las que estamos buscando por lo que reiniciamos nuestro caminar por la calle del Prado y ya faltará muy poco para rebasar la meta de este paseo.

Al final de la misma, en el cruce con la calle de San Agustín, llegamos a orillas de la plaza de las Cortes y es en este punto donde nos vemos las caras con un personaje que a todos nos sonará. Seguro que todos os habéis cruzado en más de una ocasión con una de estas personas.

Esta obra es un homenaje por la intensa labor de la ONCE durante sus primeros 75 años de vida. La organización se fundó en el año 1938 y en el reciente 2013, dentro de un importante número de actividades y reconocimientos, se colocó a este sonriente vendedor de la ONCE.

Es cierto que los vendedores de cupones son uno de esos elementos que transitan por nuestras calles dándoles un aroma diferente. La ilusión que generan, las conversaciones que destapan con los vecinos… siempre son queridos y apreciados en los barrios y ellos también se merecían un reconocimiento en la Villa y Corte. El encargado de materializarlo fue el escultor abulense Santiago de Santiago quien con esta pieza quiso representar a Fortunato, una personaje que simboliza a todas esas personas que llevan repartiendo, durante muchas décadas, suerte y muchas alegrías.

El hombre aparece expuesto con su inseparable bastón, ese que utilizan los invidentes para palpar el

mundo con una sensibilidad asombrosa, y con varias ristras de cupones colgando sobre su pecho. Si os fijáis en las mismas apreciaréis un detalle, los cupones son para el sorteo del ya caduco 13 de diciembre de 1968, fecha en la que la organización cumplió treinta años. Además, viene indicado el precio de cada cupón, dos pesetas.

Con su gesto sonriente y cercano cautiva a todo el que pasa, sabedor de que a él le ha tocado el mayor premio gordo posible, vivir para siempre en un enclave privilegiado de Madrid.

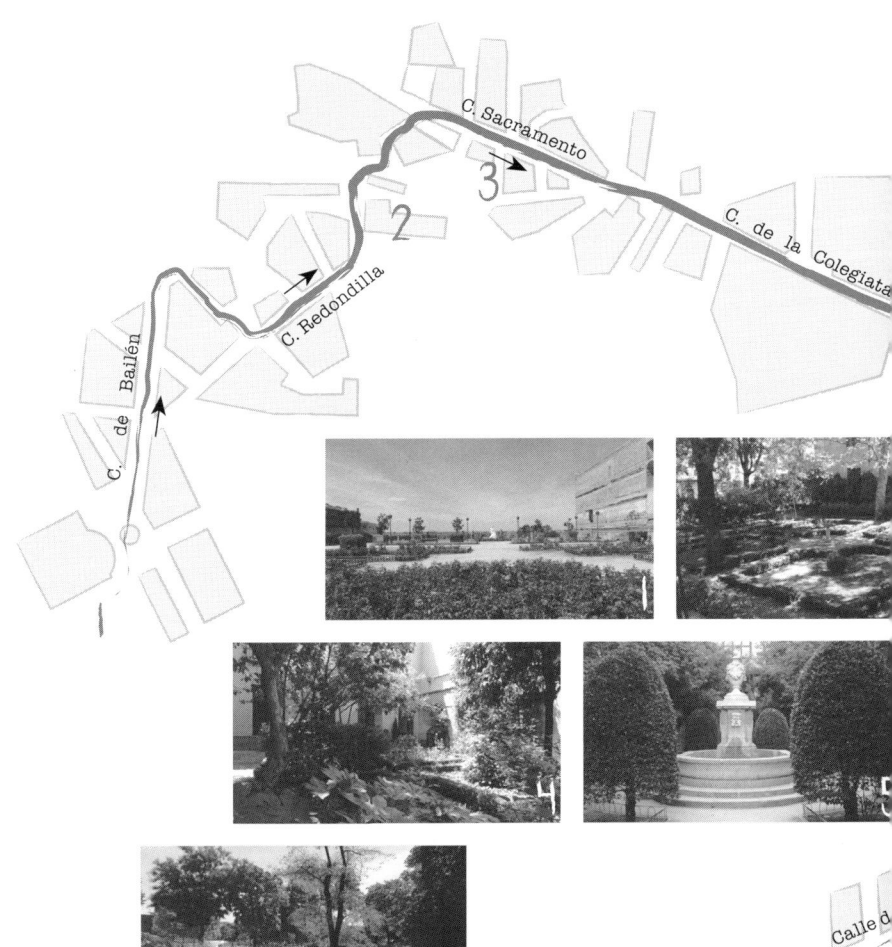

C. Sacramento

C. de la Colegiata

C. Redondilla

C. de Bailén

2

3

4

6

Calle d

BUSCANDO LOS SILENCIOS DE MADRID

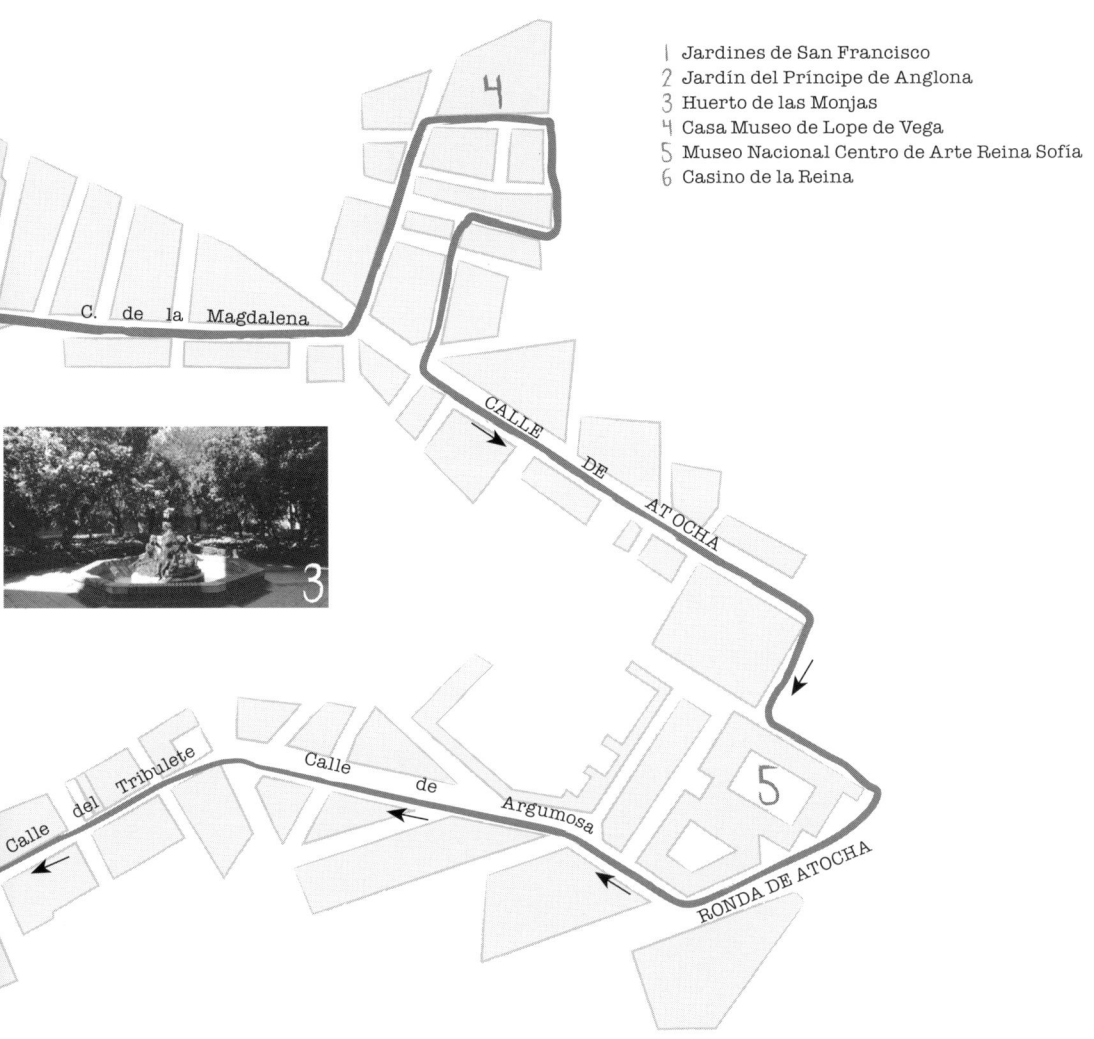

1 Jardines de San Francisco
2 Jardín del Príncipe de Anglona
3 Huerto de las Monjas
4 Casa Museo de Lope de Vega
5 Museo Nacional Centro de Arte Reina Sofía
6 Casino de la Reina

C. de la Magdalena

CALLE DE ATOCHA

3

Calle del Tribulete

Calle de Argumosa

RONDA DE ATOCHA

BUSCANDO LOS SILENCIOS DE MADRID

1. **Jardines de San Francisco (Gran Vía de San Francisco, 29)**
2. **Jardín del Príncipe de Anglona (plaza de la Paja)**
3. **Huerto de las Monjas (calle del Sacramento, 7)**
4. **Casa Museo de Lope de Vega (calle de Cervantes, 11)**
5. **Museo Nacional Centro de Arte Reina Sofía (calle de Santa Isabel, 52)**
6. **Casino de la Reina (calle del Casino, 3)**

Admito que uno de los prejuicios que más llevaba anclados en mi mente al mudarme a Madrid era el no poder disponer de rincones tranquilos en los que cobijarme de la rutina diaria. Por suerte, según fui recorriendo y surcando el corazón de la ciudad me fui topando con agradables sorpresas que me hechizaron por completo y por supuesto me hicieron cambiar de opinión.

Me refiero a jardines secretos, pequeños y verdes remansos de paz cuya presencia es desconocida por muchos y que, sin embargo, conviven, codo con codo, con el Madrid más frenético e impulsivo. Lugares que nos proporcionan un delicioso viaje en el espacio y en el tiempo. La única pega es que, tarde o temprano, siempre toca retornar a la ruidosa realidad.

Mediante este paseo os invito a conocer algunas de esas joyas que habitan en la ciudad, discretas y ofertando una complicidad única al visitante. Además, en muchos de los casos, su propia historia resulta igual de cautivadora que los propios jardines. ¿Quién dijo que en esta ciudad no es posible abrazar el silencio?

1. Jardines de San Francisco

Siempre he tenido la sensación durante mis paseos por Madrid de que estaba recorriendo una urbe que es enormemente agradecida con el peatón que se anima a recorrerla, proponiéndole innumerables sorpresas en el camino. Es así como conocí el siguiente jardín urbano: los jardines de San Francisco. Después de un viaje en balde para acceder al interior de la basílica de San Francisco el Grande, decepcionado, en vez de deshacer mis pasos opté por seguir mi camino por la Gran Vía de San Francisco. Por fortuna, a escasos metros, me aguardaba todo un lugar por descubrir.

Este insólito espacio fue inaugurado en mayo del año 2007 por lo que es relativamente nuevo y, por lo tanto, desconocido. Este lugar fue hasta los años treinta del siglo pasado un convento anexo al templo. De hecho, se ha querido mantener el trazado por el que transcurría el claustro. Este no será el único jardín de este paseo que, como veremos, arrastra un pasado unido a la vida religiosa.

El jardín es un recinto que, a diferentes alturas, ofrece terrazas con cientos de rosas de diferentes variedades, además de numerosos árboles. En definitiva, un espacio de 4384 metros cuadrados en donde la vegetación vuelve a ganar su particular duelo al cemento. Este lugar resulta especialmente reco-

mendable para visitarlo en junio cuando las dalias están en flor y sus colores aportan un bonito espectáculo.

Pero las flores no son los únicos reclamos de este sitio, igualmente interesante es el conjunto escultórico que encontramos en su parte superior, en honor a san Isidro Labrador. Realizado por Santiago Costa, en su día se ubicó en el parque del Oeste. Otra de sus grandes bazas son las vistas que desde él se contemplan sobre el parque de la Cornisa y la pradera de San Isidro. Los atardeceres desde este mirador no tienen precio, os lo aseguro.

2. Jardín del Príncipe de Anglona

Tras contemplar este insólito lugar es el momento de dirigirnos hacia nuestra siguiente parada. Ya puestos, os invito a pasar por la calle de los Mancebos, allí os espera una fachada rosácea y con varias ventanas y balcones con rejas de forja. Se trata de uno de los más claros ejemplos de las denominadas «casas a la malicia», unas construcciones repletas de picaresca cuyo objetivo era evitar la regalía de aposento o, lo que es lo mismo, la obligación de alojar en las

casas de más de dos pisos a miembros de la corte. Sus ventanucos en desorden y diferentes alturas se colocaban así para confundir a los inspectores del rey. Unos pasos más y ya habremos alcanzado nuestra objetivo. En la plaza de la Paja, detrás de unos muros por el que sobresalen varios árboles, aguarda el jardín del Príncipe de Anglona.

Dicen que como el primer amor no hay ninguno, supongo que, por ese motivo, da igual cuantos más jardines secretos conozca que nunca habrá otro que me produzca lo mismo que este. El hecho de ser el primero que descubrí, sin haber tenido noticia o referencia alguna sobre él, añadió una satisfacción y una alegría extra a nuestro casual encuentro.

Poca gente repara en la presencia de un acceso en estos muros que casan a la perfección en este entorno de lujo e historia que nos proporciona la plaza de la Paja. Solo los más observadores reparan en su puerta, un discreto hueco que nos transporta a un lugar onírico, un bello jardín de 500 metros cuadrados cuya vida va de la mano de la construc-ción anexa, el palacio de Anglona, que data de 1530.

Sin embargo, su aspecto original del siglo XVI ha sufrido importantes variaciones, como la última reforma que tuvo lugar en 1920. Aun así, mantiene ese espíritu pausado y agradable que lo hace una de mis paradas obligatorias en cualquier ocasión que me aproximo por la zona. Su aspecto fusiona elementos neoclásicos pero también bebe los vientos de los jardines hispanoárabes tan habituales en la mitad sur de nuestro país. Su fuente, su pérgola o sus escuetos senderos son elementos que nos hacen frotarnos los ojos la primera vez que lo visitamos. Un escenario romántico cuya gran valía está en su recato.

Entrar en este lugar evade las preocupaciones y purifica los sentidos, sus bancos incitan a un descanso que los viajeros más sensibles no dudan en aceptar. Sobre la tapia que lo envuelve me gusta contemplar las llamativas fachadas y tejados que sobresalen. Aquello que asoma parece otro mundo lejano, un lugar al que, irremediablemente, tarde o temprano, siempre toca volver.

3. Huerto de las Monjas

Muy cerca de aquí vamos a encontrar uno de los espacios verdes más escurridizos de todo Madrid. Podrás pasar decenas de veces a su vera pero si nadie te pone tras su pista es probable que jamás lo conozcas.

En la calle del Sacramento, n.º 7, encontramos un bloque de viviendas de ladrillo, su trazo relativamente moderno llama la atención en un contexto tan histórico y añejo. Si nos animamos a cruzar la cancela roja que lo parapeta descenderemos unas escaleras que nos conducirán a un espacio embriagador, un pequeño mojón de piedra nos da una austera bienvenida: «Huerto de las Monjas».

Su nombre conlleva asombro pero responde a una sencilla explicación. Este oasis de paz urbano fue en su origen un huerto donde las monjas bernardas descalzas plantaban verduras y hortalizas. Resulta que este coqueto recinto y las casas que lo flanquean fueron en su origen el convento del Santísimo Sacramento. Una institución fundada en el año 1615 gracias al impulso y apoyo de don Cristóbal Gómez de Sandoval, duque de Uceda y válido de Felipe III. El convento resultó gravemente dañado durante la última guerra civil española y décadas más tarde, en 1976, las ruinas que quedaban de él se terminaron de derruir.

Sin embargo, se optó por mantener un retazo de su primitiva vida, dejando este elemento tan cautivador, que de algún modo nos remite al Siglo de Oro español. Un lugar cuya existencia sigue aconteciendo de forma sigilosa. Muy pocos lo conocen por lo que es complicado encontrártelo con gente cuando te animas a visitarlo. Resulta maravilloso aproximarse por la calle, atravesar esa llamativa verja y descender a una herencia tan viva del siglo XVII.

Ahora en ella ya no salen hortalizas de la tierra, en su lugar podemos encontrar varios árboles frutales que proporcionan una buena sombra, algo que siempre es de agradecer, y un único elemento decorativo que capta toda nuestra atención, una fuente central. Fundida en París, la fuente de la Priora, que es así como se llama, muestra a cuatro querubines que parecen jugar y regocijarse bajo el chorro de agua que los baña.

La conservación de este recóndito espacio depende del Ayuntamiento de Madrid, un espacio agradable en el que siempre resulta positivo dejarse caer durante un pequeño lapso de tiempo. Un bello recuerdo de aquel desaparecido convento y de la vida que en él se practicaba. Por lugares como este merece la pena perderse una y mil veces por los entresijos de la urbe. Fugaces viajes en el tiempo que se dan en lugares tan inverosímiles como un patio de vecinos. Un terreno que antes abastecía a sus moradoras de alimentos y que ahora también proporciona un bien igualmente preciado, el silencio.

4. Casa Museo de Lope de Vega

«Mi casilla, mi quietud, mi huertecillo y estudio». Así definía el dramaturgo Félix Lope de Vega su vivienda, una construcción que por suerte, aunque muy reconstruida, aún podemos visitar. Este mágico lugar será nuestro próximo destino.

Instalada en el bien llamado barrio de las Letras, en la calle Cervantes, n.º 11, nos damos de bruces con un espacio único y que nos transporta al Siglo de Oro español, momento de auge de las letras españolas gracias a la concentración de talentos como Cervantes, Quevedo, Góngora en varias manzanas de viviendas. Parte de aquella sociedad

y de aquel estilo de vida se recrea en esta casa museo construida hacia 1578 y que Lope de Vega habitó en sus últimos 25 años de vida, los que fueron desde 1610 hasta 1635.

La casa fue adquirida a cambio de 9000 reales. Y aunque la mayor parte de lo que se muestra en la visita guiada es una reproducción muy fidedigna del inmueble de 250 metros cuadrados que ocupó el reconocido autor, hay una parte de la vivienda que se ha mantenido más pura desde aquel lejano siglo XVII y es, precisamente, la que tiene que ver con este paseo que nos hace desfilar por esos rincones con vegetación que buscan el anonimato en Madrid.

Para acceder al huerto-jardín de este lugar no es necesario reservar cita como para las visitas y su entrada es gratuita. En él nos encontraremos con un lugar amigable y casi mudo que cuenta con el único elemento de toda la vivienda que se ha mantenido intacto desde tiempos del escritor, el pozo. Este lugar también fue reconstruido en parte pero se mantuvo el trazado original del mismo. Por ejemplo, en la actualidad, un naranjo nos evoca el tiempo durante el cual el literato se trasladó a Valencia.

Sus paredes cubiertas por enredaderas, sus macetas dispuestas en el suelo, cada detalle fascina mientras este rincón nos descubre sus cartas. Un coqueto lugar que transmite ese aire afable y cordial de las cosas sencillas. Entre sus muros, Lope de Vega buscaba tranquilidad mientras cuidaba las hortalizas y frutas que cultivaba, quizás queriendo poner algo de pausa a una intensa vida. Una existencia que le llevó a tener doce hijos reconocidos con varias mujeres diferentes e incluso a ordenarse sacerdote. Todo ello a la vez que se le atribuyen, entre otras creaciones, 3000 sonetos.

Es posible que de la intimidad y silencio que nos brinda, el dramaturgo lograse la inspiración necesaria para escribir obras como *Fuenteovejuna* o *El perro del hortelano*. Hoy su paz solo se ve interrumpida por los grupos de visitantes que acuden a conocer en persona este retazo vivo de nuestra historia. Pequeño pero intenso, cualquier época del año su visita nos proporciona una estimulante viaje al pasado.

5. Museo Nacional Centro de Arte Reina Sofía

Ponemos punto y seguido en nuestro camino y toca emprender la marcha hacia el Centro de Arte Reina Sofía, que junto al Museo del Prado y al Museo Thyssen, conforman esa trinidad bautizada como el «Triángulo del Arte» y que cada año capta a miles de turistas. Para llegar hasta él la manera más directa de hacerlo es cruzar la calle del León, atravesar toda la calle de Atocha y poner rumbo hasta el final de esta. En sus últimos suspiros nos encontramos con el Museo Reina Sofía.

Este museo, referencia mundial en el arte contemporáneo y reconocido por cobijar en sus salas el *Guernica* de Pablo Picasso, es bastante joven. Su colección permanente se inauguró en 1992, aunque desde dos años antes venía ofreciendo muestras temporales. Sin embargo, la vida de su edificio se remonta a varios siglos atrás, cuando albergó el Hospital de San Carlos, mandado construir por Felipe II en el siglo XVI. Una función que estuvo empeñando hasta 1965.

Obviamente, desde entonces este lugar ha sufrido notables restauraciones y ampliaciones pero mantiene su arrolladora esencia y el elemento que nos ocupa. Me refiero a un primoroso jardín que se extiende en lo que fue el patio central del hospital, con una superficie de algo más de 4500 metros cuadrados. En él se respira ese ambiente silencioso y cultivado que fluye por las salas de los museos y por él solo se dejan ver algunos de sus visitantes y prácticamente nadie procedente «del exterior». Esto hace que sea una fantástica opción para una jornada de lectura calmada a pocos metros del febril paseo del Prado.

Su planta rectangular, con numerosos árboles, bancos y fuentes, lo hacen un lugar encantador en el corazón de Madrid. El guiño al lugar que ocupa se encargan de hacerlo varias esculturas como *Pájaro lunar* de Joan Miró y otras obras de Eduardo Chillida o Alexander Calder. Por algún lado se tenía que notar que estamos rodeados de arte, ¿no?

El acceso a este jardín es gratuito por lo que no resulta necesario pagar entrada alguna, el único requisito para

visitarlo es tener ganas de conocer un espacio diferente y dócil en el centro de la ciudad. Una delicia que ha aprendido a vivir a un ritmo muy distinto al mundo que le rodea. Por cierto, si os gusta, que sepáis que se puede alquilar para eventos ya sea en su totalidad o solo una parte. ¿Alguno se anima?

6. Casino de la Reina

Si todavía os quedan fuerzas después de haber transitado por toda la almendra que conforma el corazón de la Villa y Corte aún os voy a proponer un último destino. Ahora dirigimos nuestro rumbo hasta la plaza de Lavapiés, crisol de culturas. Hasta ella llega la calle de Tribulete que, en cierto punto, muta su nombre por el de la calle del Casino. Junto a esta notaréis la presencia de una zona arbolada. Os presento al Casino de la Reina.

Este es un parque relativamente conocido por los vecinos del barrio de Embajadores pero de cuya existencia muy pocas personas son conscientes más allá de los límites del propio barrio. Su historia no puede ser más intensa.

Empezaremos por decir que estos terrenos pertenecieron en su origen a los clérigos de la cercana iglesia de San Cayetano. Sin embargo, durante la ocupación francesa este solar les fue arrebatado a los religiosos y terminó en manos de Manuel Romero, ministro de Justicia de José Bonaparte, lo que hizo que se le bautizase como «la Huerta de Romero». Tras la salida de los franceses, es el propio Ayuntamiento de Madrid quien se lo compra a Romero por 900 000 reales que a su vez se lo regala a Isabel de Braganza, segunda esposa de Fernando VII, por su embarazo. Causa por la cual se le denomina desde entonces Casino de la Reina.

Aunque la reina no pudo disfrutar mucho de este espacio, ya que falleció un par de años más tarde, sí que le dio tiempo para realizar numerosas reformas a su gusto en este real sitio, como poner jardines paisajísticos, fuentes, una noria y estatuas, todo en torno a una finca brillantemente decorada en su interior. Un agradable espacio para reposar y descansar, una casa de campo a las que en Italia se les conoce como *casino*, de ahí su nombre.

La vida de este espacio, sin embargo, nunca llegó a despegar del todo y, después de que Isabel II lo donase de nuevo al Estado, por él fueron desfilando instituciones de todo ámbito. Por ejemplo, este lugar albergó el Museo Arqueológico Nacional hasta que en 1895 se trasladó a su actual sede, junto a la Biblioteca Nacional. También pasaron por él el Instituto Cervantes, la Escuela de Veterinaria o el Asilo de las Cigarreras.

A pesar de su enorme trasiego de manos y dueños, nunca este agradable lugar pareció encontrar su propia identidad, una esencia que le permitiese hacerse un nombre mayor en el colectivo madrileño. Hace poco, el Ayuntamiento de Madrid optó por darle su enésimo lavado de cara y configurarlo como un jardín de uso público. Prácticamente todos los vestigios que se referían a su convulso pasado fueron borrados a

excepción de la construcción principal que, también restaurada, ahora lo usa el Ayuntamiento para actividades de temas sociales.

En la actualidad no tiene ese encanto de los jardines íntimos de los que veníamos hablando pero solo por su condición de oasis en esta amalgama de calles que es Lavapiés, merece un vistazo. Luego, cuando comienzas a adentrarte en su historia, no te queda otra que mirarlo con respeto y admiración.

¿Quieres seguir descubriendo
Secretos de Madrid?

Secretos de Madrid
Manuel García del Moral

6ª edición